小学校 社会 指導スキル大全

授業力アップのための必須スキルを**70本収録！**

澤井陽介・小倉勝登 編著

明治図書

はじめに

　社会科はこれまでいくつかの教師対象アンケート結果で「指導しづらい教科」と指摘されてきました。しかし苦手であるはずなのに社会科を校内研究の教科に掲げる学校は少ないです。そのことに加え近年，新規採用教員の急増，出張や自主研究会参加機会の減少などにより，社会科の授業イメージをもつ教師が少なくなっています。授業イメージをもてないため，多くの教師が研究に手を伸ばせないという悪循環があります。

　一方で，実際に社会科を取り上げて校内研究を進めてみると，他の教科と社会科の指導の仕方が大きく異なるわけではないことに気付くはずです。授業づくりの基本は教科を越えて共通するからです。ただし，「指導しづらい」と感じるには理由があります。

　社会科においては，子どもが「問題解決的な学習」を進めるよう指導することが大切になります。しかし，算数のように「問題（問い）」がすぐに設定できるとは限らず，国語のように教材が教科書からすぐに扱えるわけでもありません。また，調べたり考えたりするに当たっては理科のように実験器具などの具体物があるわけではなく，生活科や総合的な学習の時間のように体験中心で授業を進めるわけにもいきません。また道徳のように1時間で完結するわけにもいかない，これらが指導しづらいことの大きな理由でしょう。

　そこで本書は，授業づくりのための基礎的な指導技術を「指導スキル」として分解し，社会科の授業にこそ必要なものに厳選し紹介することにより，指導のしづらさを少しでも解消できればと考えて編集されました。社会科が得意な先生においては，指導に一層の磨きをかけるべく読んでいただければ幸いです。先生方が子どものために授業の腕を磨かれることを大いに期待したいです。

　2019年3月

澤井　陽介

本書の構成

　本書では，社会科授業の指導スキルを70に分けて紹介しています。70もあるのかと驚かれるかもしれませんが，主として次のような12の構成になっています。

```
1  授業づくりに関わるスキル ───────── 主に授業前
2  発問に関わるスキル          ┐
3  資料活用に関わるスキル       │
4  板書に関わるスキル           │
5  学習問題（問い）に関わるスキル │ 主に授業中
6  調べ活動に関わるスキル       │
7  話し合いに関わるスキル       │
8  まとめる活動（表現）に関わるスキル │
9  学習の振り返りに関わるスキル  ┘
10 学習評価に関わるスキル       ┐ 主に授業後
11 ノート・ワークシートに関わるスキル ┘
12 ICT に関わるスキル ──────────── 全体
```

　特に2～9は，問題解決的な学習の展開を想定した順序で構成されています。また，これらのスキルに，

```
13 さまざまな学び方に沿ったスキル
14 年間授業構成に関わるスキル
15 カリキュラム・マネジメントに関わるスキル
```

を加え，全部合わせて70です。

これらの中には読者のみなさんには既に身に付いており必要ないものもおありだろうかと思います。目次から自分に必要と思う項目を選んで，そこから読んでいただくことをお勧めします。

　また，紙幅の関係から各項目ごとに紹介できるスキルを5つずつに限定し，指導経験の豊富なベテラン教師，社会科の実践に優れた教師たちによる経験を基にした具体例で紹介・解説しています。したがって，読者の先生方がご自分の実際の授業を進めるに当たって，適合しないものや不十分なものがあるかもしれません。しかしその場合にも，スキルの項目や教師としての着眼点などを参考にして，自分のスキルを益々高めていくための素材として活用いただければ幸いです。

　授業の展開の仕方によって必要なスキルは異なります。また，多くの教師には自分の授業スタイルがあり得意な分野があります。本書はそうした自分の授業スタイルをより一層確かにするために辞書的に活用いただくことも想定しています。本書のタイトルを「スキル大全」としているのはそのためです。

　「大全」としていますが，掲載しているスキルが全て必要であるという前提でまとめている訳ではありません。すなわち端から全て身に付けても必ずしもよい授業ができるとは限らないのです。授業は方法論やテクニックだけではよいものにはなりません。目の前の子どもと一緒につくっていくものだからです。子どもたちの実態やその時点の学習状況に合わせて進めていくのが授業であり，スキルはそのために教師が使う道具です。道具箱の中からその場面で必要な道具を瞬時かつ適切に取り出し，場面や状況に合わせて応用していただくことこそ，本書に込められた願いになります。

　ノウハウ本として読むよりも，本書に紹介・解説されている指導スキルをご自分の授業の文脈で捉え直し，確実に使える「自分の指導スキル」にしていただくことを願っています。

Contents

はじめに 2
本書の構成 3

Chapter 1 社会科授業にかかせない指導スキルのポイント

❶社会科授業にかかせない指導スキルとは ⋯⋯⋯⋯⋯⋯⋯⋯⋯⋯⋯⋯ 10
❷15の視点からの指導スキルのポイント ⋯⋯⋯⋯⋯⋯⋯⋯⋯⋯⋯⋯ 11

Chapter 2 社会科授業の指導スキル70

授業づくり

❶問題解決的な学習につながる教材研究のスキル ⋯⋯⋯⋯⋯⋯⋯⋯⋯ 22
❷問題解決的な学習につながる教材開発のスキル ⋯⋯⋯⋯⋯⋯⋯⋯⋯ 24
❸問題解決的な学習につながる教材分析のスキル ⋯⋯⋯⋯⋯⋯⋯⋯⋯ 26
❹問題解決的な学習につながる単元デザインのスキル ⋯⋯⋯⋯⋯⋯⋯ 28
❺学習指導要領の読み方のスキル ⋯⋯⋯⋯⋯⋯⋯⋯⋯⋯⋯⋯⋯⋯⋯ 30

発問

❻課題の発見を促す発問のスキル ⋯⋯⋯⋯⋯⋯⋯⋯⋯⋯⋯⋯⋯⋯⋯ 32
❼思考を焦点化させる発問のスキル ⋯⋯⋯⋯⋯⋯⋯⋯⋯⋯⋯⋯⋯⋯ 34
❽推論させる発問のスキル ⋯⋯⋯⋯⋯⋯⋯⋯⋯⋯⋯⋯⋯⋯⋯⋯⋯⋯ 36
❾核心にせまる発問のスキル ⋯⋯⋯⋯⋯⋯⋯⋯⋯⋯⋯⋯⋯⋯⋯⋯⋯ 38
❿多角的に考えさせる発問のスキル ⋯⋯⋯⋯⋯⋯⋯⋯⋯⋯⋯⋯⋯⋯ 40

資料

⓫驚きや疑問がうまれる資料提示のスキル ⋯⋯⋯⋯⋯⋯⋯⋯⋯⋯⋯⋯ 42
⓬追究するための資料提示のスキル ⋯⋯⋯⋯⋯⋯⋯⋯⋯⋯⋯⋯⋯⋯ 44

⓭考えを深め，選択・判断につながる資料提示のスキル ―――――― 46
⓮教科書活用のスキル ――――――――――――――――――― 48
⓯地図帳活用のスキル ――――――――――――――――――― 50

板　書

⓰子どもの思考の流れがわかる板書のスキル ―――――――――― 52
⓱因果関係が明らかになる板書のスキル ―――――――――――― 54
⓲比較して考えさせるための板書のスキル ――――――――――― 56
⓳意見の対立点や相違点がよくわかる板書のスキル ――――――― 58
⓴子どもの考えを位置付けたり，関連付けたりする板書のスキル ―― 60

学習問題（問い）

㉑子どもたちに問題意識をもたせるスキル ――――――――――― 62
㉒単元の学習を方向付ける学習問題をつくるスキル ―――――――― 64
㉓毎時間の問いをつくるスキル ―――――――――――――――― 66
㉔学習問題から見通しを立てるスキル ――――――――――――― 68
㉕学習問題と問いを構造的につなぐスキル ――――――――――― 70

調べ活動

㉖調査活動のためのスキル ――――――――――――――――― 72
㉗見学して調べるためのスキル ―――――――――――――――― 74
㉘インタビュー活動のためのスキル ―――――――――――――― 76
㉙さまざまな資料で調べるためのスキル ―――――――――――― 78
㉚インターネットで調べるためのスキル ―――――――――――― 80

話し合い

㉛子ども同士の話し合い活動を支えるスキル ―――――――――― 82
㉜子どもと教師のやりとりを支えるスキル ――――――――――― 84

㉝子どもとゲストティーチャーとのやりとりを支えるスキル ------------ 86
㉞説明する力や議論する力を育てるスキル ---------------------------- 88
㉟話し合い活動を活発にするスキル ---------------------------------- 90

まとめる活動（表　現）

㊱白地図にまとめるスキル -- 92
㊲年表にまとめるスキル -- 94
㊳図表にまとめるスキル -- 96
㊴文章にまとめるスキル -- 98
㊵新聞にまとめるスキル --- 100

振り返り

㊶今日，学んだことを振り返るスキル ------------------------------- 102
㊷授業の始めのころの自分の予想や考えを振り返るスキル ------------- 104
㊸調べたり話し合ったりした学習活動を振り返るスキル --------------- 106
㊹単元の学習問題を振り返るスキル --------------------------------- 108
㊺社会の在り方や自分の生活の仕方などを振り返るスキル ------------- 110

学習評価

㊻学習評価の基本的な考え方を捉えるスキル ------------------------- 112
㊼「知識・技能」に関する評価スキル ------------------------------- 114
㊽「思考・判断・表現」に関する評価スキル ------------------------- 116
㊾「主体的に学習に取り組む態度」に関する評価スキル --------------- 118
㊿学習評価の進め方のスキル --------------------------------------- 120

ノート・ワークシート

㉛どの子もノートがとれるノート指導のスキル ----------------------- 122
㉜思考過程がわかるノート指導のスキル ----------------------------- 124

(53)思考スキルを活用したノート指導のスキル 126
(54)子どもの思考や変容が見られるワークシート活用スキル 128
(55)子どものノートを充実させるノート指導のスキル 130

ICT

(56) ICT を活用して導入で子どもを引きつけるスキル 132
(57) ICT を活用して調べるスキル 134
(58) ICT を活用して学びを深めるスキル 136
(59) ICT を活用して発表するスキル 138
(60)一人ひとりがタブレットを使えるようにするためのスキル 140

さまざまな学び方

(61)体験活動のスキル 142
(62)ジグソー学習のスキル 144
(63)ポスターセッションのスキル 146
(64)ワークショップのスキル 148
(65)ディベート的学習のスキル 150

年間授業構成

(66)年間指導計画の作成スキル 152
(67)横断的・関連的な指導計画作成のスキル 154

カリキュラム・マネジメント

(68)時間数不足を解消するスキル 156
(69)地域とのネットワークづくりのスキル 158
(70)年間カリキュラムを改善するスキル 160

おわりに 162

Chapter 1

社会科授業にかかせない指導スキルのポイント

社会科授業にかかせない指導スキルとは

　社会科の学習原理は「問題解決的な学習」です。問題解決的な学習とは，学習指導要領の解説によると「単元などにおける学習問題を設定し，その問題の解決に向けて諸資料や調査活動などで調べ，社会的事象の特色や相互の関連，意味を考えたり，社会への関わり方を選択・判断したりして表現し，社会生活について理解したり，社会への関心を高めたりする学習など」を指しています。

　この学習原理に基づけば，社会科授業にかかせない指導スキルを次のように捉えることができます。

① 単元における学習問題を設定するためのスキル
② 諸資料を活用するためのスキル
③ 調査活動を行うためのスキル
④ 社会的事象の特色や意味などを考えるためのスキル
⑤ 社会への関わり方を選択・判断するためのスキル
⑥ 社会生活について理解するためのスキル
⑦ 社会への関心を高めるためのスキル

　「～のための」としているのは，これらのことを子どもができるようになるための指導のスキルであり，いくつかの共通するスキルも考えられるからです。本書で紹介している指導スキルは，上記の分け方ではありませんが，上記の①～⑦に重複して該当するものが多々あります。

　いずれにしても，社会科授業にかかせない指導スキルとは，子どもが問題解決的に学習を進めていくことができるように指導するためのスキルであるということになります。

（澤井　陽介）

2

15の視点からの指導スキルのポイント

①授業づくり

　社会科の授業づくりを考えると，いろいろとやらなくてはならないことが思い浮かび，大変さがイメージされると思います。まずはシンプルに，「問題→解決」の展開を考えてみるとよいでしょう。しかも順序は「解決→問題」と逆向きに考えていくとうまくいきます。

　解決の姿については，知識を中心にして考えてみるとわかりやすくなります。つまり，授業の最後に何をどのように理解していればよいのかということです。このことは単元の授業づくりでも本時の授業づくりでも同じです。

> 授業の終わりに子どもが何をどのような言葉で理解していればよいか

を明確にするということです。Q&Aで考えるならば，Aを明確にするということです。Aを決めれば，そのためのQはどんな内容でどんな言葉がよいかに考えが至ります。

②発問

　授業における大きなQとAが描けても，それだけで授業ができるわけではありません。Qを出発にしてAにたどり着くためには，それを誘導するための教師の発問（q）が必要になります。例えば，「○○工場ではどのような工夫で△△をつくっているでしょう」と本時のQが設定されても，それだけを考えればAが導けるわけではありません。「どのような順序でつくっている」「どんな技術を生かしているか」「作り手はどんなことにこだわっ

ているか」といった発問を意図的に授業の中に構成して，最終的なAへと誘導することが必要です。発問の構成を考えることは「いつから始まったのか」「どこから送ってくるか」「どんな協力をしているか」など，時間的，空間的，相互関係的な視点などに着目したり，「どんな役割があるか」など人々の生活と関連付けたりして，

> 子どもが社会的事象の見方・考え方を働かせて学ぶ

授業づくりのためにも大切です。

③資料

　発問は教師が一方的に投げかけるものと考えることもできます。しかし，それでは子どもの主体性は生まれません。大切なことは子どもから出た疑問を発問へつなげることです。そこで大切になるのが資料です。例えば，地図上に事象の分布を表して示せば，子どもから「どのように広がっているのか」「なぜそこに集まっているのか」という疑問が生まれます。年表を示して事象をつないでいれば「どのように変わってきたのか」「なぜ続いているのか」という疑問が生まれます。それらを教師の発問につなげます。これにより，教師の唐突な，あるいは一方的な発問から脱却できます。

> 資料はそこに示されている情報の内容はもとより提示の仕方も重要です

　つまり，比べるように，関連付けるように，総合するようになど，子どもの思考が始まるように提示する工夫です。

④板書

　社会科の授業では板書が重要です。板書には，学習課題や子どもたちの反応が書かれたり資料などが掲示されたりします。それらは，子どもたちが学

ぶための材料になります。

> 優れた板書には学習展開や「社会の仕組み」が描かれる

　また，優れた板書には，「つかむ→調べる・考える→まとめる」などの学習展開が示されます。そういう板書では，子どもたちはそれを観ながら一緒に考えることができます。また「調べる・考える」場面が明確に位置付けられている板書です。そこには，生産者と消費者の関係，人々の協力関係など，社会の仕組みが矢印などを使って描かれています。
　板書は，子どもたちにとっての思考ボードであり思考ツールにもなります。何より授業を終えて板書をみると，教師と子どもの共同作品になっていることが多く，社会科では授業の善し悪しの判断材料にもなっています。

⑤学習問題（問い）

　学習問題は，①で述べた単元のQです。例えば，「日本の工業生産にはどのような特色があるのでしょうか」などと大きな問いとして描かれるのが学習問題です。これを解決するためには，いろいろなことを調べなければならないので，毎時の課題が必要になるわけです。すなわち，

> 学習問題は，その単元の学習を大きく方向付けます

　ですから，何を調べていけば単元のAにつながるかということを考えて設定します。その際，調べる範囲を限定できるようにすることが大切です。例えば「自動車工場について調べよう」では，調べる範囲が膨大なものになり何でもよいことになってしまいます。ですから「○○自動車工場ではどのようにして大量の自動車をつくっているのだろう」といった問題にして，「○○工場」の「生産工程」などと，調べる範囲を限定することが大切です。

⑥調べ活動

　調べる活動，調査活動とも言います。社会科の学習活動のほとんどはこの活動になります。調べる方法は，主に観察，見学，聞き取り，資料活用になります。実際には，学年が上がるにつれて，「我が国の産業」「我が国の国土」などと学習対象の範囲が大きくなり，観察や見学はしづらくなります。そこで資料活用の技能を段階的に育成しておくことが重要になります。
　社会科における資料活用の技能は，

> 社会的事象に関する情報を「集める」「読み取る」「まとめる」技能

で，こうした技能を一つ一つ教え込むのではなく問題解決の中で使いながら身に付けていくようにし，効果的だった使い方を意識させていくことです。

⑦話し合い

　話し合い活動も学習活動の一つで，社会科では大切な活動になります。社会的事象の特色や意味は多様にあり，さまざまな言い表し方ができるので，話し合いを通して根拠となる事実や表現の仕方を豊かにしていくことが必要です。
　対立討論的な話し合いでも，感情的になるのではなく，立場を明確にして根拠を出し合って理解を深めたり，複数の立場から考えて落としどころ（判断基準）を見いだしたりしながら

> 結論を豊かに描くために話し合っていることを自覚できる

ようにすることが大切です。
　話し合い活動を設定するためには，トレーニングがかかせません。事実と考えを分けて説明する，結論（主張）を先に述べ必ず理由（根拠）を添える，他者の意見につなげたり他者の意見を生かしたりして述べるなど，子どもに

習得させるべき技能が存在し，これをトレーニングすることが必要です。

⑧まとめる活動（表現）

　学習のまとめは，知識面と技能面に分けて考えることができます。知識面の「まとめ」はわかったことを文章などでまとめる活動です。1時間の授業の最後に行われることが多い活動です。一方で，技能面の「まとめ」は，白地図や年表，図表などに情報を整理する活動です。どちらも

> 学習したことの成果であり，評価の対象になる

という点が共通しています。最近では，思考ツールと呼ばれる図表などが研究開発されており，これも情報を整理する技能の一つと考えることができます。新しいものをどんどん取り入れて授業を工夫していくことは大切です。その一方で，白地図や年表，関係図などの図表が社会科における重要な思考ツールであることも忘れないようにしたいものです。

⑨振り返り

　学習のまとめと区別して捉える必要があるのが「振り返り」です。学習のまとめは，学習対象についてのまとめですが，振り返りは自分の学びへの振り返りです。学習のまとめが，知識や技能，あるいは思考・判断・表現の観点での評価対象になるのに対し，振り返りは「主体的に学習に取り組む態度」の観点での評価対象，つまり，自分への振り返りです。振り返る対象は，

> 学習内容への自分なりの考察，学習活動の効果，これからの自分の生活

などが考えられます。評価対象であると捉えれば，毎時間必ずというよりは，単元の学習の中で効果的な場面を選んで振り返りの活動を設定することが効果的であることに気付くはずです。

⑩評価

　評価の目的は，子どもの学習状況を把握して指導に生かすことと，子どもが学習した結果を記録に残すことです。したがって，評価規準は，目標に照らして「概ね満足できる」学習状況（B）を子どもの姿で表現したもので，単元の前半では，目標をしっかりと意識して指導すれば，教師は評価規準の目をもって子どもを指導することになります。一方で，単元の後半には指導した結果が現れるので，ABCなどの判定（標語を決めること）が必要になります。ここでは，Bを標準として，それを越えてくるものをA，そこに至らないものをCとします。

| 評価は指導技術の一つなので，あくまでも教師が責任をもちます |

　教師は，評価規準ごとにいくつかの具体的な子どもの姿を想定しておき，例えば「ワークシートにどんな言葉が書かれていればよいか」などと評価資料や評価方法を考えておくことが必要です。

⑪ノート・ワークシート

　その評価資料となるのがノートやワークシートです。どちらも子どもの学習内容が記録されますが，異なる点もあります。ノートは子どもが黒板を参考にして自分で記録を進めますが，ワークシートには作業や思考の手順がフローチャートなどで示されていることが多いという点です。手順が示されていることのメリットは，スムーズな学習を助けることです。一方で課題は学習展開が始めから見えて思考が誘導されすぎることです。

　大人になったらワークシートは誰も配ってくれないことを考えると，

| ノート指導を充実するためのワークシート |

であることが望ましいことに気付きます。資料の読み取り方や比較の仕方，情報の整理の仕方などがワークシートで身に付き，自分でノートを使ってもできるようになる，ということを目指すとよいと思います。

⑫ ICT

ICTは情報活用技術のことですが，主として機器の活用をいうことが多いです。ICT機器の活用は，まずは子どもにとって「わかりやすい授業づくり」のためと考えるとよいです。情報を選んで拡大して大きく写す，映像を映してイメージ化を図る，ソフトなどを活用して手順を示すなど，さまざまに

> 「わかりやすさ」をサポートする方法がICTを使えば実現します

留意すべきは，情報過多にならないようにすることです。教師が画面を次々に変えて資料提示したり，子どもがインターネットから大量の情報を入手して整理できなくなったりしたら本末転倒です。

また，子どもたちの学び合いツールとして使うことも想定されており，個別に端末が配られたり，子どもにとって使いやすい機能が充実したりすることやWi-Fi環境が学校内で整えられたりするなど，インターネット環境等が整備されることが待たれます。

さらには，子どもたちが日常生活の中で，スマホやノートパソコン，タブレットなどをノートや鉛筆代わりに使うようになれば，教師が使い方を教えたり，子どもが使えずにとまどったりすることなどの負担が減り，本来の機能を十分に活用することができるようになることでしょう。

⑬ さまざまな学び方

指導方法には多種多様なものがあります。したがって，指導法次第で子どもの学び方は変わってきます。教師は，○○法などの型をただ方法だけ真似るのではなく，その指導方法のよさをしっかりと理解することが大切です。

小学校の授業は45分で構成されています。例えば，「ディベート」をルール通りに授業で行うと45分間では収まらないことが想定できます。そこで，ディベートのよさを取り入れた授業を自分で工夫することが大切になるのです。つまり「ディベート的な活動を設定する」という考え方です。

　指導方法は，それぞれの考え方から確立された手法です。しかし，教師が行うのはあくまでも学校における教育です。

> 自分の指導技術を磨くために○○法のよさを取り入れる

と考えることが大切です。

⑭年間授業構成

　学校の教育活動は意図的，計画的，組織的に行うことが求められます。年間を通して学習指導要領の内容をどのように配列し，どれくらいの時間をかけてどんな教材で指導するか，といった計画をもっていなければ行き当たりばったりの指導になってしまいます。そのために年度末には，「次年度の各教科等の年間指導計画」を教育委員会に届け出て，受理されなければ授業ができない仕組みになっているのです。

> 年間授業構成は学習指導要領には示されていません

　学習指導要領に示されている内容は原則として指導順序を示していませんし，内容ごとの時間数も規定していません。年間の標準授業時数が法律に示されているのみです。したがって各学校で作成しなければなりません。教科書会社のものや県や市の資料を参考にしてつくるのが一般的です。

⑮カリキュラム・マネジメント

　カリキュラム・マネジメントとは，教育計画の計画，実施，見直し，改善

を行い，教育活動の質の向上を図ることです。社会科においては年間計画等の見直しや改善を図ることが大切ですが，学校全体として捉えれば，

> 学校の教育目標の実現状況をさまざまな教育活動を基に評価し，来年度のよりよい教育活動に改善していくこと

と大きく捉えることが大切です。そのために，各教科等の年間指導計画や学校行事等の計画はもとより，各教科等相互の連携を図ることや地域の人的・物的資源との協力・連携を築くこと，それを全教職員によってPDCAサイクルで見直すことが求められます。対象の範囲が広いので，年度末にまとめて行うのではなく，その都度，見直すための材料を集めておくことが必要です。

新学習指導要領「総則」は，以下の図のようにカリキュラム・マネジメントに必要なキーワードを掲げ，マネジメント・サイクルのイメージを示しています。教科ごとの年間授業構成を見直す際にも同じ考え方ができますので，参考にしてみるとよいです。

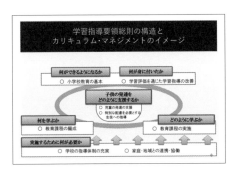 

(「中央教育審議会答申」(2018.12)を筆者が一部加工)

(澤井　陽介)

Chapter 2

社会科授業の指導スキル 70

授業づくり

問題解決的な学習につながる教材研究のスキル

POINT
❶学習指導要領（学習内容）・児童理解・教材の3つの関わりで考える
❷教師自身の問題解決的な学習である

①学習指導要領（学習内容）・児童理解・教材の3つの関わりで考える

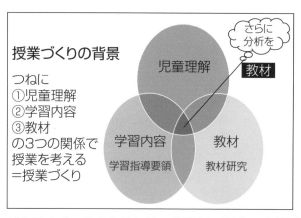

教材研究を行う大前提として、授業づくりの背景を理解しておく必要があります。授業づくりは、児童理解・学習内容・教材の3つの関係の上に成り立っています。どれか1つに偏ることなく、バランスを大切にする必要があります。そのためには、①学級の児童の実態（生活・学習の実態）をつかみ、その上で②学習指導要領の目標や内容の分析をかけ、明確にし、③児童の実態と学習内容を意識し、つねに確認しながら教材の吟味を図ることが大切です。

つまり、教材研究を行う際には、学級の児童の実態と照らし合わせたり、学習指導要領における学習内容と照らし合わせたりしながら、どのような教材が適切か吟味をかけていくことになります。

②教師自身の問題解決的な学習である

　教材研究は，教師の問題解決的な学習と捉えるとよいです。まずは，教師自身が，その社会的事象と出合い，関心や疑問を基に，資料で調べたり聞き取り調査をしたりして，解決を図ります。その教師自身の問題解決を基に，教材化を図ることが大切なのです。実際には，教師の問題解決を子どもたちが追体験するのが授業となります。下に実際に行った教材研究の例を示します。

---

① 学習指導要領　第5学年内容(5)アの(ｱ)と(ｴ)，イの(ｱ)を読んで内容を理解する。〈学習指導要領の内容理解〉
② 教科書を読み，内容を捉える。
☆**教師自身による問題解決**

〈出合い〉　③　教材を探し，「釜石の奇跡」に出合う
　↓
〈驚　き〉　④　「釜石の奇跡」について
〈疑　問〉　　　調べ始めた時，「あれは，奇跡ではない」という中学生の言葉に出合う。
　↓
〈調べる〉　⑤　中学生の言葉に驚き，「釜石の奇跡」についてさまざまな資料で調べる。
　　　　　　・新聞記事や報道についてインターネットで調べる。
　　　　　　・東日本大震災の関連本を読む。
　　　　　　・釜石市役所に電話をして，話を聞く。
　　　　　　・地元TV局に電話をして話を聞いたり，番組DVDを送ってもらったりする。
　↓
〈解　決〉　⑥　「釜石の奇跡」の中学生の言葉の意味や本当の避難の意味がわかる。
⑦　教材化し，単元の計画を考える。〈教師自身の問題解決を通して教材化〉

（小倉　勝登）

授業づくり

問題解決的な学習につながる教材開発のスキル

POINT
❶「なぜ？」「どういうこと？」を大切にする
❷人の働きに共感する

① 「なぜ？」「どういうこと？」を大切にする

　身の回りや生活の中には，社会科の教材になる素材がたくさん転がっています。まずは，それを自分の目で足でたくさん集めることが大切です。その中で，教師自身が「これ何？」「どういうこと？」「なぜ？」「これ，おもしろい」「すごい」「びっくり」と感じることが教材開発の第一歩です。そこから，「授業に使えるかも」「子どもたちに伝えたい」という思いにつながっていくからです。まずは，教師自身が，身の回りの社会的事象に対して，この感じる心を大切にすることが重要なポイントです。

　例えば，以下のようなことです。この「なぜ？」から教師の追究が始まり，教材開発へと向かっていきます。

○食料品売り場で「まぐろの刺身・養殖」を見て……
　「まぐろは養殖できないのに，養殖ってどういうこと？」
○新聞で「銀座ではちみつを……」を読んで……
　「銀座で，はちみつ？　銀座にみつばち？　どういうこと？」
○東日本大震災の被災地で手書きの壁新聞を TV で見て……
　「だれが？　なぜ？　手書きの壁新聞をはったのだろう？」

②人の働きに共感する

　社会科は人々の営み，人々の働きを通して学ぶ教科です。だからこそ，教材開発において，人々への取材はかかせないものです。まずは，教師自身が，取材を通して，人々の思いや願いにふれたり，活動の様子を見たり聞いたり，体験したり考えたりして，共感的に理解することが大切です。そこから，人々を教材として文章資料やビデオ，ゲストティーチャーとして実際の授業に登場させます。教師が共感しながら学んだように，子どもたちも人々に共感しながら，その活動の意味を理解していきます。また，課題の解決に向けて取り組む人々の姿は，子どもたちにとっては，自分たちの社会参画へのよいモデルとなります。

　そのためには，できる限り現地に行って直接話を聞くことが大切です。難しい場合は，電話による聞き取りや本による情報取集ということも考えられます。教師の目や耳を通して集めた思いや願いの込められた人々の声は，子どもたちの心を大きく揺さぶる中心的な資料になります。

　以下に実際の取材で集めた「人々の声」，その例を示します。

〈市役所の方の話〉

　いいですか，災害が起きたら「みんなひ災者なんです。市役所の人もけいさつの人も消防しょの人も，みんなひ災者なんです。」だからこそ，「守ってもらう」ではなく，「自分の命は自分で守る」意識が大切です。そして，地いきのみなさんで助け合って地いきのひ害を最小げんにくいとめなければなりません。

〈3・11の被災地仙台放送のアナウンサーの話〉

　私は，発生の第一報を伝えました。伝えている私自身も「信じられない」「何が起きているのだろう」「おそろしい」と感じていました。そんな気持ちのまま映像を見ながら，放送を続けました。その時の気持ちは，ただ，ただ，「逃げてほしい」「一人でもいいから助かってほしい」という思いでうったえ続けました。とにかく一人でも多く生き残ってほしい，そういう強い思いで，「生き残るためのよびかけ」を行いました。(小倉　勝登)

授業づくり

問題解決的な学習につながる教材分析のスキル

POINT
❶「どこを見たら社会がよく見えるのか」「どのように見たら社会がよく見えるのか」という視点で分析する
❷分析の視点をもつ

①「どこを見たら社会がよく見えるのか」「どのように見たら社会がよく見えるのか」という視点で分析する

　教材の分析については，さまざまなの視点や方法がありますが，大切にしたいことは「どこを見たら社会がよく見えるのか」「どのように見たら社会がよく見えるのか」という視点で分析することです。また，教材分析は，スキル①「１　学習指導要領（学習内容）・児童理解・教材の３つの関わりで考える」（p.22）の次の段階で行うものです。
　ここで，教材の吟味・分析を通して，明確にしたいことは
　　○調べること（対象）は何か　　○理解することは何か
　　○考えることは何か　　○関わり方はどのようなものがあるか　です。

②分析の視点をもつ

　分析の視点や方法は，さまざまありますが，自分なりに分析の視点をもつことが必要です。また，教材分析は分析して終わりではなく，その分析を基に学習過程に位置付けることが大切です。以下，学習過程に位置付けることを意識して分析した事例を２つ紹介します。

① 子どもの学びを中心に内容分析を意識した4つの視点

「現実をみる」	具体的,徹底的に事実を捉える(様子や仕組み　等)
「人の営みをみる」	人間の工夫や努力,思いや願い,誇り,責任,役割
「社会的な意味や価値を考える」	背景や要因,影響（社会の仕組み　等）
「自分のかかわりを考える」	子どもと教材のかかわりを考える,自分事,社会参画

第4学年「自然災害から地域の人々を守る」を例にあてはめてみる。

「現実をみる」 ＝防災の取組	・都や市の取組（準備・啓蒙・情報）公助／・地域の取組（行事・訓練・関係づくり）共助／・自分の取組　自助
「人の営みをみる」	都庁の方,市役所の方,町会の方,NPOの方
「社会的な意味や 　　価値を考える」	災害からくらしを守るために,都や市と地域や自分は連携したり協力したりしてさまざまな取組を行っている
「自分のかかわりを考える」	防災訓練への参加,地域行事への参加,関係づくり

② 見方・考え方を働かせることを意識した4つの視点

○時間的（つながり　時間的な経過）　○空間的（広がり　等）
○関係的（相互関係・相互依存　等）　○多角的（複数の立場・立場を変えて）

この4つの視点を基に,第4学年「自然災害から地域の人々を守る」を分析すると次にようになります。

（第4学年）
○時間的……過去の災害（対処）,未来の災害（備え）
○空間的……都全体,災害による被害の範囲　　　○関係的……連携・協力
○多角的……都庁の方,市役所の方,町会の方,NPOの方,自分や家族

（小倉　勝登）

授業づくり

問題解決的な学習につながる単元デザインのスキル

POINT
❶ 目標を設定する
❷ 単元の全体像を描く

①目標を設定する

　社会科の教科目標や各学年の目標は，(1)知識及び技能(2)思考力，判断力，表現力等(3)学びに向かう力，人間性等の３つの資質・能力で構成されています。そこで，基本的に単元（小単元）の目標もこの３つの資質・能力で設定します。

　各学年の内容は，「知識及び技能」と「思考力，判断力，表現力等」を身に付けるための活動が示されているので，それらの内容を踏まえて目標を具体的に設定します。(3)学びに向かう力，人間性等については，内容には具体的記述はないですが，単元（小単元）の目標に位置付ける必要があります。

　教科目標は，各学年において単元（小単元）や本時の目標として具体化されることによって，実現に向かっていきます。だからこそ，まずは，単元（小単元）の目標は，よく吟味して具体的に設定する必要があります。設定の仕方には，３つの資質・能力を受けて下のような目標設定ができます。

(1) 知識及び技能「○○について～で調べてまとめ，○○であることを理解する」
(2) 思考力，判断力，表現力等「○○などの知識をもとに，○○について考え，表現する」
(3) 学びに向かう力，人間性等「主体的に問題解決に取り組み，○○しようとしている」

②単元の全体像を描く

　今回の学習指導要領改訂では，総則や各教科等において「単元や題材など内容や時間のまとまりを見通して」ということが強調されています。つまり，「単元の授業デザイン」が求められています。そのためには，『目標ー学習問題ー問いー活動』で単元の全体像を描いてみることが大切です。

　まずは，目標の設定です。これについては，「①目標を設定する」で説明しています。目標設定ができたら，目標の実現に向けた単元全体を通す学習問題をつくります。「この学習問題で追究していけば，目標にたどりつく」ことを意識して吟味します。学習問題ができたら，学習問題を解決するための問いや活動を考えます。「この問いで追究すれば，学習問題の解決につながる」ことを意識して，問いー活動を大まかに描きます。これが，単元展開の背骨になり，これに資料や具体的な活動という肉付けをしていきます。ただ，絶対に忘れてはいけないことは，子どもの学びを考えながら問いや活動を描くことです。

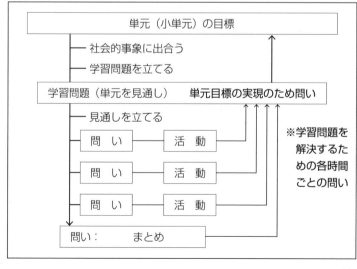

（小倉　勝登）

授業づくり

学習指導要領の読み方のスキル

POINT
① 構造を知る
② 3つの枠組を知る
③ 「社会への関わり方を選択・判断する」「多角的に考える」内容を知る

①構造を知る

小学校社会科の内容は次のような構造で書かれています。

---

(1) Aについて，学習の問題を追究・解決する活動を通して，次の事項を身につけることができるよう指導する。
　ア　次のような知識や技能を身に付けること
　　(ア)　Bを理解すること
　　(イ)　Cなどで調べて，Dなどにまとめること
　イ　次のような思考力，判断力，表現力等を身に付けること
　　(ア)　Eなどに着目して，Fを捉え，Gを考え，表現すること

次のように読みます。

Eなどに着目して，Cなどで調べ，Dなどにまとめて，Fを捉え，Gを考え，表現することを通して，Bを理解すること

---

② 3つの枠組を知る

　内容構成については，中学校で学ぶ内容との接続・関連を考えて，主にあてはまる内容を次の3つに整理しています。小学校学習指導要領（平成29年告示）解説社会編（p.150,151）を基に系統性の意識をもつことが大切です。

> ① 地理的環境と人々の生活
> ② 歴史と人々の生活
> ③ 現代社会の仕組みや働きと人々の生活

③「社会への関わり方を選択・判断する」「多角的に考える」内容を知る

　「選択・判断する」「多角的に考える」内容については，全ての内容に規定しているのではなく，「内容の取扱い」に，子どもが学習したことを基にして実社会や，未来に目を向ける場面を想定しやすい内容を選んで学習活動として示しています。また，しっかりした事実認識のあとに学んだことを活用して選択・判断したり，多角的に考えたりすることが大切です。

「社会への関わり方を選択・判断する」
第3学年内容(3)「地域の安全を守る働き」
第4学年内容(2)「人々の健康や生活環境を支える事業」(3)「自然災害から人々を守る活動」
　　　　(4)「県内の伝統や文化（先人の働きに関する内容は含まない）」
第5学年内容(5)「我が国の国土の自然環境と国民生活との関連（国土の環境保全の内容）」
第6学年内容(3)「グローバル化する世界と日本の役割」
「多角的に考える」
第5学年内容(2)「食料生産」(3)「工業生産」(4)「産業と情報との関わり」
第6学年内容(1)「我が国の政治」

(小倉　勝登)

発問

課題の発見を促す発問のスキル

POINT
❶疑問をもたせたり予想を促したりする
❷資料の読み取りで比較できる状況をつくる

　子どもの意欲が低い授業で多く見られるのは，教師の一方的に課題を提示している姿です。授業を変えるポイントは，「何で？」「どうしてかな？」と，子どもの頭の中に問いをつくることです。その問いが「〜したいな！」「〜しなければ！」という意欲となり，子ども自身の課題に変身します。

①疑問をもたせたり予想を促したりする

　子どもに課題意識をもたせるには，疑問をもったり予想したりする状況をつくることです。
　例えば，教室のごみ箱を提示しながら，「今日起きてから，どれくらいのごみを出しましたか？」と，それぞれの立場で考えられるような発問をします。「たくさんのごみが出ていますよね。その出したごみはどうなるの？」と，ごみの行方を予想させます。多くの子どもの頭の中に「どう（処理）しているのだろう」と，問いが生まれます。その中で，一部の子が張り切って言います。「ごみステーションに出して，トラックで回収し，ごみ処理場で燃やして……」教師は，「そうなんだね。その後はどうなるの？」「全て燃えてなくなるの？」「全て燃やすの？」と，目を丸くしながら問いかけます。
　このように，誰でも答えられる簡単な発問や，自分や生活とつなげて考えられる発問をし，疑問や予想をあぶりだしながら，課題の発見を促します。

②資料の読み取りで比較できる状況をつくる

　課題の発見を促す発問を用いる時には，資料や物とセットで問いかけることです。視覚的な補助があることで，教師の説明が減り，より想像力や集中度が増し，発見につながりやすくなります。

　さらに，発問の効果を上げるために，比較できる状況をつくります。比較することで，同じところや違うところ，変化が浮きぼりになり，「AとBはどうして違うのだろう？」と，疑問などが生まれやすくなります。

　例えば，第6学年の教科書には，「縄文時代と弥生時代の想像図」の比較できる資料があります。もし，弥生時代の想像図だけを提示し，「わかることや気付くことは？」と問いかけたらどうなるでしょうか。教師が求める変化には気付きにくく，焦りながら「このあたり見て，何か気付かない？」と，子どもの発見ではなく，教師の発汗になってしまいます。たった一枚縄文時代の様子を並べるだけで，「弥生時代になるとお米をつくり始めている！」「塀みたいなものがあるぞ！」と，時代の特色や変化が見え始めます。

　また，比較できる状況をつくる時には，資料を出すタイミングも大切です。いきなり2つを提示するのではなく，1つめの資料を十分に読み取らせた後，2つめの資料を提示し，「AとBを比べて，気付くことや不思議だなと思うことないですか」と発問するのです。しっかりと読み取った1つめの資料を軸として，「Aと比べて，Bは〜だ」「どうして同じ場所なのに，数年でこうも変わったのか」「AからBに何があったのか。調べてみたい！」と，異同や変化に気付きやすくなります。

　2つの資料がなくても比較はできます。例えば，山型の折れ線グラフを山の頂上で隠し，「この後どうなると思う？」と変化を予想させます。こうすることで，前と後を比較する状況が生まれます。「きっと上がり続ける」と思っているグラフの続きを見せると，「何で下がったの？」と新たな問いが生まれ，子どものハートに火をつけるのです。

（河田　祥司）

発問

思考を焦点化させる発問のスキル

POINT
❶追究場面で集めた情報から焦点化する
❷話し合いの中で拡散した内容をもう一度焦点化する

　発問は，目標に向かって焦点化する働きをもっています。限られた時間で，多くの子どもたちと学びを深めるためには，思考の方向を焦点化していくことが大切です。ただ，焦点化の仕方によって，学びは深まったり，停滞したりします。どのように焦点化すればよいでしょうか。

①追究場面で集めた情報から焦点化する

　１枚の資料を見せるだけで，子どもはさまざまなことをつぶやきます。社会科では，これら全てのつぶやき（意見）を一旦受け止めます。だからといって，放置して終わるわけではありません。大切なのは，子どもの発見（つぶやきなど）を生かしながら授業をつくることなのです。
　例えば，「織田，豊臣，徳川，武田がいる」「山で戦っている」と，資料からわかるたくさんのつぶやきに対して，「いいところに気がついたね。誰と誰が戦っているのかな」とつぶやけば，子どもたちは戦いとして資料を見始めます。「鉄砲を使っているよ」と気が付けば，「両軍とも鉄砲を使っているの？」とさらに比較を促しながら焦点化していきます。
　このように，追究場面で集めた情報の中から，１つの事象を起点として教師が描く方向に焦点化していくことで，教師が押しつけたり，子どもが最初からもっている知識だけに頼らない全員参加の授業になっていきます。

②話し合いの中で拡散した内容をもう一度焦点化する

　話し合いをしていると，迷子になったり，うまくまとまらなかったりすることがあります。このような時，どのような発問をすればよいでしょうか。

　１つめは，解決すべきこと（課題など）に立ち返らせる発問です。「みんなで明らかにしようとしている課題は何でしたか？」「～さんの発言は，課題を解決することとつながりますか？」と，黒板に書かれた課題を見ながら，子どもに発言を振り返らせます。そして，子どもが「課題は○○で，今話し合っていたのは～だから……，あっ，ずれてます！」と，自ら気付くまで，じっくり待ち，教師の立ち返らせる発問を，子どものものにしていきます。後日，話し合いの場面で子どもの修正する姿が見られたら，「前は先生が修正したのに，自分たちで修正できるようになったんですね」と，変容を大いに褒めます。子どもたちのモチベーションは一気に上がり，思考を焦点化しながら話し合える学級に育っていきます。

　また，課題に立ち返ることは，何がわかって何がわからないのかを明らかにすることにもつながります。「どれが解決する考えになりそうですか？」「どれとどれをつなげば解決しそうですか？」とわかることを整理したり，「どのようなことがわかれば，課題は解決できそうですか？」と，足りない情報を明らかにし，新たな追究への見通しをもたせたりすることができます。

　２つめは，ゆさぶる発問です。例えば，「食料自給率を上げるべきだ！」と全員が同じような調子で主張するのに対し，「食料は安い外国産に任せた方が，もっと少ない料金で買い物できるのでは？」とゆさぶり，自分の生活とつなざるを得なくします。「外国産の安いお肉は売れるから，店にたくさん並んでいるのでは？」と続けると，「全員が買わないようにするのは難しいかも……」と，自給率の問題を深く考える方向へと焦点化されます。

　「AではなくBではないのか？」「それは，本当なのか？」「Aは必要ないよね？」とゆさぶる発問もさまざま。焦点化したい場面で，活用してみましょう。

（河田　祥司）

8 推論させる発問のスキル

発問

POINT
❶帰納的，演繹的に考える
❷仮説的に考える
❸事実と意見（解釈）を区別する

推論とは，わかっている事柄からわからない事柄を予想し，論じることです。推論させるための発問とそれを支えるポイントは何でしょうか。

①帰納的，演繹的に考える

帰納的に考えさせたい時には，複数の事実などから結論を出していきます。

「AとBから考えると，どういうことが言えますか？」「これらのことから，どんな結果が考えられますか？」という発問が考えられます。

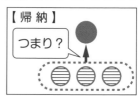

演繹的に考えさせたい時には，一般化されたモデル（法則性など）から，結論を出していきます。

「原料や製品を運びやすい場所に工場ができているという考えは，内陸のこの工場地域にもあてはまりますか？」など，個別の事例について演繹的に考えさせる発問が考えられます。

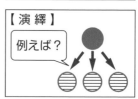

これら帰納的，演繹的に推論させるための発問は，「つまり，（AとBの事実から）どういうことが言えますか？」「例えば，（この法則性は）どこの地域であてはまりそうですか？」と置き換えることもできます。

②仮説的に考える

　推論には，帰納や演繹とは別に，仮説的推論（アブダクション）があります。授業では，「あれ？」「どうして？」と問いをもった後，その社会的事象を説明するために，「～だから…だろう」と予想させ，起こった現象をうまく説明するための仮説を導き出す場面で見られます。

　「どうして？」の問いに対する子どもの予想を引き出し，目の前の事実やこれまでの学習，自分の経験等とつなぎながら仮説を立て，「何を調べればわかりそうですか？」「どんな資料があれば，確かめられそうですか？」と，仮説を確かめるための見通しをもたせていきます。

　仮説的に考える場合は，どうしても経験の差などによって，推論しづらい子がいたり，正解がわからないので発言しなかったりする子が現れます。問いをもたせることや，自由に予想を出し合える学級（授業）風土をつくることも，仮説的推論を支えるポイントです。

③事実と意見（解釈）を区別する

　推論させる時には，何が事実で，何が意見（解釈）なのかをしっかりと区別できることが重要になります。私は「わかったこと（事実）と考えたこと（意見）は何ですか？」と日常的に区別することを意識づけています。これは，ノートに振り返り等を書く時も同じです。あらゆる教科で意識づけます。

　また，資料を読み取る時には，「塀がある」と事実だけを表現する子に対して，「塀があるね。そこから何が考えられますか」と返し，「塀があるから，誰もが入れないようにしたいのだろう」と事実から意見（解釈）につなげる習慣を身に付けさせていきます。「～だから（事実）…だろう（意見や解釈）」と表現させることは，一人の推論だけに留まらず，「塀の横には門番もいるから，弥生時代には争いがあったのかな」と，他者が予想や意見などを述べやすい状況を生み，全体の推論がより促進されるのです。

（河田　祥司）

発問

核心にせまる発問のスキル

POINT
❶学習活動の中盤から終盤にかけて社会的事象の意味に迫る
❷「どのように」から「なぜ」を演出する

　発問には，疑問詞を含めて発することが原則です。疑問詞にはそれぞれ特質があります。When や Where や Who（いつ，どこで，だれが）は，事実を調べる時に使います。What や How（なに，どのように）は，事実を確認し，理解を促す時に効果的です。Why（なぜ）は，原因や理由，根拠などを考えさせることができます。Which（どれを）は，選択・判断させる役割があります。核心（社会的事象の意味など）に迫るためには，それぞれの疑問詞をどのように活用すればよいのでしょうか。

❶学習活動の中盤から終盤にかけて社会的事象の意味に迫る

　疑問詞の中でも，「どのように」「なぜ」は特別です。例えば，信号機が設置されたのを見て，「いつできたのですか？」と問えば，「昨日」と一言で答えます。しかし，「なぜ，ここに信号機ができたのですか？」と聞くと，すぐには答えられません。「ここで事故が多いから」「交通量が増えてきたから」など，事実を関係づけながら原因や理由などを考え，述べなければならないからです。社会科の授業でも同じです。社会的事象の意味に迫る時には，さまざまな事実を拠り所にしながら考えていきます。そのためには，いきなり意味に迫ることは難しいので，学習活動の前半から中盤にかけて事実を集め，終盤に事実を関係づけながら意味を考えていくとよいでしょう。

②「どのように」から「なぜ」を演出する

　Why（なぜ）は，2つの事象の関係性を答えざるを得ない発問となります。未来に向けて「なぜ，信号機を設置しようとしているのか？」と聞けば，手段と目的の関係を問うことができます。過去に向けて「なぜ，信号機を設置したのか？」と聞けば，結果に対する原因という因果関係を問うことができるのです。同じ「なぜ」でも，その後に続く言葉の使い方によって受け手の解釈が変わるので，議論が迷走する要注意の疑問詞でもあるのです。

　過去に，「なぜ」発問の難しさを痛感したことがあります。子どもとの授業では問題なかった発問を，教員研修の模擬授業でそのまま使った時のことです。子どもとの授業では，「どのように水はつくられ，送られてくるのか？」を数時間かけて追究した後，新たに255億円もかけて調整池を整備しようとする事実と出合わせ，「なぜ，調整池をつくるのでしょうか？」とシンプルに発問しました。それまでの学びの文脈があることで，子どもたちは「なぜ，（水不足は解消され安定しているのに，255億円もかけて）調整池をつくるのでしょうか？」と，たまたま考えることができたのです。

　教員に対する模擬授業では，数時間かけた追究の段階や学びの文脈はありません。そんな状態であるにもかかわらず，資料だけ渡して「なぜ，調整池をつくるのでしょうか？」と問いました。「水不足が続いているので」と，背景を語る人，「将来的な備え」と意図を語る人，地図を指しながら「香川用水の近くで，水の出し入れをしやすいから」と，地理的条件を語る人が現れ，議論はかみ合わずに時間内に核心に迫ることができませんでした。

　学級では，「どのように」で様子がわかってから「なぜ」と発問したので，教師が求める方向へ子どもの思考を促すことができました。私は運よく組み立てに救われましたが，教室には文脈を把握できない子もいます。より確かな問いにするために，「なぜAは〜なのか」よりも「なぜBは〜なのに，Aは〜なのか」と，学びの文脈が見える発問を心がけたいものです。

（河田　祥司）

発問

多角的に考えさせる発問のスキル

POINT
❶立場を変えて考える
❷学習してきたことを総合して考える

①立場を変えて考える

　多角的に考えるとは，子どもが複数の立場や意見を踏まえて考えることです。学習指導要領の解説にも，「消費者や生産者の立場」「情報の送り手と受け手の立場」など，さまざまな立場で考えることが書かれています。立場を変えて考えられるようにするためには，どのような発問が効果的でしょうか。

　1つは，対象を主体として考える発問です。「レタスを栽培している○○さんは，どうして〜したのかな？」「聖武天皇が天皇の詔を出した時，どんな思いだったのでしょうか？」などです。

　2つめは，自分を主体として考える発問です。この時に「もし〜ならば」を用います。「もし，あなたが農家の○○さん（の立場）なら，どうしますか？」「もし，あなたが店長さん（の立場）なら，〜をどこに置きますか？」などがあります。それでも考えづらい場合には，「もし，あなたが店長さんなら，レジの前に○○を置きますか，置きませんか？」と，もう少し考える範囲を限定し，選択させる発問も考えられます。

　いずれの場合でも大切なのは，「どうしてそう考えたの？」というツッコミです。理由や根拠を教師がワクワクしながら聞く教師の姿を真似て，子どもが自分や友達に問いかけるようにしていきたいものです。

②学習してきたことを総合して考える

　多角的に考えさせるためには，学習してきたことなどを活用し，総合しながら考えられる状況をつくることが大切です。
　「生産者の立場で考えるとどうでしょうか？」と，立場を限定する発問とは別に，立場を自由に選択し，学習したことを総合しながら考えられるようにする発問があります。ポイントは，「選択・判断させる」ことです。
　例えば，「友達へのプレゼントは何にする？」と聞かれた状況を思い浮かべてみてください。「○○さんは，〜が好きだから」「自分だったら」「今の流行は……だから」と，これまでの経験を総合してプレゼントを選択・判断します。授業でも同じです。子どもに選択・判断を迫る発問を用いることにより，これまでの知識等を総合し，多角的に考えるようになります。
　それでは，選択・判断させる発問にはどのようなものがあるでしょうか。1つは，価値を選択・判断させる発問です。「〜を解決するためには，どれが望ましいか？」「この中で一番いいのはどれですか？」「自分にできそうなことから順に並べるとどうなりますか？」と問うことで，これまで学習してきた内容や方法の中から総合的に考えざるを得なくなります。
　もう1つは，新たな取り組みや社会との関わり方を選択・判断させる発問です。「〜を解決するためには，どうすればよいか？」「自分たちができることは何か？」と，自分との関わりを選択・判断させていきます。単元の中でも，最後の方に用いられることが多い発問です。さまざまな社会的な特色や意味などを理解した後だからこそ，本当に自分ができることや関われる範囲など，地に足をつけて考えることができるのです。
　いずれにしても大切なことは，学習してきたことを総合して考えられるようにすることです。多角的に考えるための基となる知識等があるからこそ，立場や根拠が明確になり，説明したり議論したりするなどの言語活動も充実してきます。

（河田　祥司）

資料

驚きや疑問がうまれる資料提示のスキル

POINT
❶もたせたい問題意識から逆算して資料を選ぶ
❷子どもが驚くまでの思考過程をイメージする

　驚きや疑問がうまれる資料を提示することを通して，子どもの学習意欲を高めるとともに，問題意識を焦点化させることができます。第5学年「環境（環境を守る水俣市）」の学習を事例として取り上げます。

①もたせたい問題意識から逆算して資料を選ぶ

　学習指導要領に示されている内容を基に，この単元で扱うべき問題意識を明確にします。今回の単元では「環境を守るために，誰がどのような取組をしているのか」ということが考えられます。ここから逆算して，提示する資料を選びます。例えば，次のような資料提示が考えられます。

1950年代

現在

　提示する2枚の写真には次のような要素があります。
・広範囲に渡った汚れがなくなっている　・釣りができるようになっている
・排水パイプがなくなっている　　　　　・50年ほど経過している

　実際の学習では，写真を比べることで「魚釣りができるようになるほどき

れいになっている」「50年経過してすごくきれいになった」「なぜきれいになったのだろう」「どうやってきれいにしたのか」「自然ときれいになったはずはない」「誰かが関わったはずだ」という子どもの反応が期待できます。先に挙げた要素に着目させることで，「誰がどのような取組をしたのか」という問題意識につながるようになっています。

②子どもが驚くまでの思考過程をイメージする

　上記に述べた場面をより充実させるために，子どもの思考過程をイメージして学習を進めましょう。例えば，以下のような資料を提示することで，2枚の写真の比較につながる思考を促すことができます。

　もたせたい問題意識につながるような資料であっても，全ての子どもが意図した問題意識をもつとは限りません。一人ひとりの生活経験やもっている知識，ものの感じ方は違うからです。何の知識もなく現在の水俣の海を見ても，「普通の海」だと感じるだけかもしれません。しかし，水俣病の被害や原因，地域住民の思いなどをしっかりと捉えることによって，現在のきれいな海の価値に目を向けることができます。

　驚きや疑問がうまれる資料提示をするためには，「どのような問題意識をもたせるのか」を明確にし，「どの要素に着目すれば問題意識をもてるのか」を検討します。加えて，それらの要素を含んだ資料にすること，そして，主たる資料を提示するまでの子どもの思考を丁寧に育んでいくことが大切です。

（横田　富信）

資料

追究するための資料提示のスキル

POINT
❶本時の目標から逆算して資料を選ぶ
❷情報の関連付けを意識して資料化する

　追究するための資料のポイントを押さえて提示することは，子どもが「情報を読み取る力」と「情報を関連付ける力」を伸ばすことにつながります。第6学年の単元「武士の政治が始まる」のうち，「元との戦い」を事例として取り上げます。

①本時の目標から逆算して資料を選ぶ

　学習指導要領解説社会編には，「元との戦い」を調べることを通して「北条時宗が九州の御家人を中心に全国の武士を動員し，元の攻撃を退けたこと，幕府が全国的に力をもってきたことなどが分かること」と示されています。このことを捉えさせるためには，例えば次のような要素が必要だと考えられます。

- 元が日本にまで領土を広げようとしていた。
- 武士は現地に向かい戦うための費用や防塁建設に大きな負担をした。
- ・北条時宗が九州の御家人を中心に全国の武士を動員。
- ・幕府が全国的に力をもってきた。
- 命がけで元軍と戦った後，竹崎季長は幕府の役人に願いを伝えに行った。
- 遠く離れた地の武士にも幕府の命令が届いている。

これらを子どもの発達段階を十分考慮し，図表や文を用いて資料化しましょう。資料としてよく扱われる写真・イラスト，グラフや文には次のようなメリット・デメリットがあります。

	メリット	デメリット
写真やイラスト	・印象に残りやすい ・視覚的に把握しやすい	・人によって着目する点が異なりやすい
グラフ	・傾向が把握しやすい	
文	・用語や語句がはっきりと示されており，捉えやすい	・言葉がイメージしにくい場合がある

　扱うものの特徴を組み合わせることで，追究する際に子どもが活用しやすくなります。また，自作する際には，必ず出典を明記しましょう。

②情報の関連付けを意識して資料化する

　高学年であれば，読み取った情報を関連付けて考える力も身に付けさせましょう。例えば「元との戦い」について追究するための資料の中には，「北条時宗（幕府）が命じた」「武士の負担」「竹崎季長の幕府への願い」の情報を意図的に含むようにします。これらの関連に気付かせることで，「御恩と奉公の関わり」によって武士たちが動き，元軍を退けられたことが見えてきます。

　本時で捉えさせたい理解のために，「どのような情報が必要なのか」「どの情報を関連付ければ理解に至るのか」ということを教師が意識し，意図を明確にした資料をつくるようにしましょう。

（横田　富信）

資料

13 考えを深め，選択・判断につながる 資料提示のスキル

POINT
❶「何のために提示するのか」という目的を明確にする
❷既習内容の活用を促すようにする

　単元の終末に考えを深めたり選択・判断したりすることにつながる資料を提示することは，既習内容を活用する力や自分と社会との関わりを考える態度を養うことにつながります。第6学年「憲法とわたしたちの暮らし」を事例として取り上げます。

①「何のために提示するのか」という目的を明確にする

　学習指導要領解説社会編には「調べて得た情報などに基づいて，政治への関わり方について多角的に考え，自分の考えをまとめることができるよう配慮することを求めている。（中略）様々な立場から多角的に考え，義務や責任などと関連付けて自分の考えをまとめるように指導することが大切である。」とあります。政治への関わり方を考える必要があるのは，現在の社会には，例えば，「国民の政治への関わり方に課題がある」という指摘があるからです。
　「憲法とわたしたちの暮らし」の終末段階に至るまでは，以下のように学習を進めることが考えられます。

日本国憲法の基本的な考え（三原則・権利と義務など）
＋
国会・内閣・裁判所の働き

→ 国民は，政治に関わろうとしているのだろうか？

資料提示をすることで、学習してきたことと現実の社会とをつなげ、自分（たち）の関わり方を考えられるようにしましょう。今回の事例であれば、「日本国憲法の学習を基に、政治への関わり方を考える」ことを目的に資料提示を行うことになります。

②既習内容の活用を促すようにする

「憲法とわたしたちの暮らし」では、次のような資料提示が考えられます。

このグラフには次のような要素が含まれており、考えを深めるきっかけになります。

・憲法改正は国民全体に関わる。
・憲法改正は「どちらとも言えない」「わからない」人たち次第で決まる。

「どちらとも言えない」「わからない」人たちの中には、難しくて決められない人や関心がない人がいるかもしれない。

「あいまいなままの投票」で決まったら大変だ。でも、投票自体を棄権するのは国民主権になってない……。

この資料提示による話し合いでは、「国民主権だからとにかく投票には行くべきだ」「考えをはっきりさせないままの投票は無責任になるから、投票には行かない方がよい」という「国民としての在り方」が論点になります。自分の主張をするために、既習内容を根拠として考えることを促すことになるでしょう。

考えを深めたり選択・判断につなげたりする資料提示では、「正解や不正解」、「明確な結論」を子どもたちに求めないようにしましょう。葛藤を感じさせつつ、既習内容を活用させながら自分の主張を促すようにすることが大切です。

（横田　富信）

資料

教科書活用のスキル

POINT
① 紙面構成をつかむ
② 教科書での調べ方を身に付けるために，具体的な指示をする
③ 「個に応じた指導」や「思考の深まり」の手だてを用意する

　教科書活用が上手にできると，教師にとっては授業準備の効率化が図れます。子どもにとっては調べる技能が向上します。第5学年「あたたかい土地のくらし（沖縄県）」を事例として取り上げます。

①紙面構成をつかむ

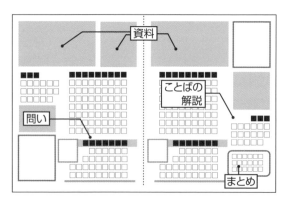

　教科書は，多くの場合，見開き2ページ分を1時間の授業で扱うようになっています。左側中段に，本時の中心的な問いが書かれていて，その問いに答えるための根拠が本文や図表に示されています。また，図表に関わる説明が本文の中に示されていることもあります。

　このような構成になっていることを把握しておくと，子どもにどの情報を見つけさせればよいかがわかるようになります。

②教科書での調べ方を身に付けるために,具体的な指示をする

授業の中で教科書を活用して調べさせる際には,次のような指示をします。

① 問いと関係がありそうなところに,できるだけ短く印(アンダーライン等)を付けましょう。
② 印を付けたところ同士で,関連するところを矢印でつなぎましょう。(なぜ関連するのか,理由も書けるといいですね)
③ 印を付けたところを基に,問いについての考えを書きましょう。

③「個に応じた指導」や「思考の深まり」の手だてを用意する

調べる技能は繰り返すことによって子どもに身に付きます。学習中に手が止まっている子どもには,「沖縄ではどんなことをしていると書いてありましたか」などの声を掛けて,教科書から必要な情報を見つけられるように支援しましょう。

沖縄ではどんなことをしていると書いてありましたか。

沖縄の気候とマンゴーづくりはどう関係がありますか。

また,「他の県でも沖縄と同じようなことをすればいいと思いませんか」などの揺さぶる発問をすると,子どもが改めて教科書を見直し思考の深まりを促すことができます。

他の県でも沖縄と同じようなことをすればいいと思いませんか。

なぜ沖縄はこのようなことをしているのだと思いますか。

(横田　富信)

資料

15 地図帳活用のスキル

POINT
❶地名や国名の位置を索引で調べ，地図上に記録させる
❷資料として活用させる

　教師が，教科用図書「地図」（以下「地図帳」という）を学習の中で積極的に活用できるようになると，子どもが多様な資料を目的に合わせて自分から用いることができるようになります。各学年での活用例を示します。

①地名や国名の位置を索引で調べ，地図上に記録させる

　各学年の学習内容には必ず地名や国名が登場します。

学年	学習内容の例	地名や国名の例
3	販売	・仕入れ先の都道府県や国
4	水道	・水源のある都道府県
5	工業	・工場が集まる地域　・輸出入に関わる国
6	歴史	・時代ごとの政治の中心地

　地図帳の巻末には索引があり，地名や国名が掲載されているページと位置が示されています。子どもに見つけさせたら地図上に赤丸を付けさせ，席の隣同士で確認させましょう。索引を使った活動はゲーム性があり，多くの子どもたちが参加できる楽しいものです。地名や国名が出る度に行うことで，探す技能が上達していきます。

　また，地名を見つけた後は，その周辺の様子にも着目させましょう。第4学年の「水道」の学習であれば森林が河川

の始まりとなって飲料水の供給につながっていることに気付かせることができます。第5学年の「工業」では，自動車生産の中心的役割のある工場の周りには，いくつもの工場が集まっていて関連しながら生産していることに気付かせることができます。第6学年の歴史では，例えば，京都や奈良が何度も登場し重要な建造物が集まっていることから，日本の歴史上で重要な都市であったことに気付かせることができます。

②資料として活用させる

　地図帳には，各地の地図だけではなく地図の表記に関する資料や統計，資料地図も掲載されています。各学年では，次のような場面で資料として活用することができます。

学年	資料としての活用場面
3	・地図記号の意味を調べて，地域や市の様子を読み取る
4	・統計を使って，国際交流として関わりのある国の首都や人口などの情報を読み取る
5	・統計と日本の気候区分の地図を使って，農業生産の特色を説明する
6	・歴史地図を使って，歴史上の出来事や文化などと現代との関連を考える

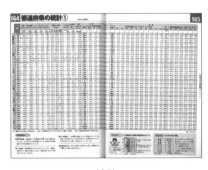

統計

白地図

　地図帳は地図以外にも活用できることを，学習経験を通して子どもたちに伝えていきましょう。子どもが多様な資料を自分から活用する態度を養うことにつながります。

（横田　富信）

板書

子どもの思考の流れがわかる板書のスキル

POINT
❶板書の左側～学習問題・予想・見通し～
❷板書の真ん中～子どもの追究活動～
❸板書の右側～学習のまとめ～

①板書の左側～学習問題・予想・見通し～

　まず，黒板の左上に学習問題を書きます。この問いは，教師の意図的な資料提示から，子どもが自ら見出したものです。次に，問いに対する子どもたちの予想や仮説を書きます。多様に表出される予想をいくつかに分類して板書するとすっきりとした黒板になります。分類の際には，予想や仮説を事例のように「〇〇説」とすると，「自分の予想は『〇〇説』に入るな」と，大きなまとまりで子どもが分類することができます。左下には，問題を解決する手がかりや，見通しを板書します。今までの問題解決で，その有効性を実感してきた「見方・考え方」を働かせ，「きっとこういう視点で考えれば解決できそうだ」というあたりを付けます。予想したら，「見方・考え方を働かせる」ために，子どもが自ら追究の手がかりを見出す時間をとり，毎時間，きちんと板書してあげることが大切でしょう。そうすることで，未知の問題に出合った時，解決へのあたりを付けることができるようになります。

②板書の真ん中～子どもの追究活動～

　黒板の真ん中には，問題解決する子どもの思考が板書されます。先ほどの

「見方・考え方」を手掛かりに，資料を基に追究した子どもの発言を板書していきます。写真の事例では，以下のような視点でまとめています。

①時間的な視点　　②関係的な視点　　③空間的な視点

海津市の地図から，海津市の田の形が整えられていることや，堤防が長く整備されていること，川の流れや土地の様子が変化していることなど，空間的な視点から水害を防ぐ取り組みを発見しました。

③板書の右側～学習のまとめ～

学習のまとめは，黒板の右側に書きます。黒板の真ん中で行った「３つの視点からの追究」を，黒板の右上で総合してまとめます。事例では，時間，関係，空間的な視点で追究した具体を総合的にまとめています。まとめは，学習問題の答えですから，まとめの主語と述語は，学習問題の主語と述語に対応することが大切です。事例では，学習問題が「海津市の人々はどのように水害を防いでいるのか？」なので，まとめの主語は「海津市の人々は」であり，述語は「水害を防いでいる（いた）」になります。黒板の右下には，子どもたちがまとめから見出した新たな問いや素朴な感想を書きます。

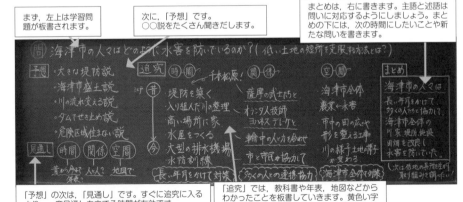

（黒田　拓志）

板書

因果関係が明らかになる板書のスキル

POINT
❶社会科では頻出する因果の関係
❷結果を真ん中に板書し，原因をそのまわりに置く
❸矢印の意味（太さ，長さ，向き）にこだわる

①社会科では頻出する因果の関係

　因果の関係は，社会的事象に多く見られるものです。この板書スキルを身に付ければ，多くの単元で活用することができます。このスキルを使うと，子どもが考えていることが現在進行形で可視化されていきます。事例は，江戸幕府が265年続いたという「結果」と，それはなぜかという「原因」を探る授業です。この学習では，江戸幕府の政策を断片的に学んでしまいがちですが，黒板の中央に「江戸幕府265年」という結果を位置付けることで，因果の関係で政策を捉えることができ，断片的な知識が関連的，総合的につながり，理解を深めることができます。

②結果を真ん中に板書し，原因をそのまわりに置く

　結果を黒板の真ん中に大きく書きます。その周りに原因と考えられるものを書きます。学習を進めながら教師は適時，以下のような問いかけをします。

> 本当に，この２つはつながる？

この問いで，さらに子どもの思考は深まります。子どもたちは簡単に線を引きますが，思考を深めるために，線一本の意味を問うのです。
　事例では，矢印の上や下に吹き出しがあります。この言葉を考えることも因果関係を考えることです。この言葉は子どもたちの中で微妙に異なってくるものなので，そのずれからまた，思考が促され，対話的な授業になります。

③矢印の意味（太さ，長さ，向き）にこだわる

　次に，矢印の意味にこだわる発問をします。

> この中で，一番，線（つながり）が太いのはどれですか？

　太さにこだわることで，複数の因果の中から重要なものを選択する思考が行われます。順位を付けることで，改めて「政策」の意味を認識したり，原因と結果の関係を見直したりすることができ，深い学びとなります。
　また矢印の向きを問うことも効果的です。「向きは一方通行？」「どっちからどっちに矢印が向くの？」などと問います。そうすることで，立場を意識して思考することができ，多角的に考えることができるようになるのです。

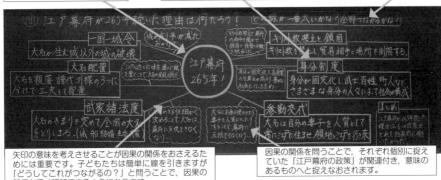

（黒田　拓志）

板書

比較して考えさせるための板書のスキル

POINT
❶比較する思考
❷ベン図を使った板書の効果
❸ベン図の使い方

①比較する思考

　比較する思考は社会科の授業では，どの内容でも必要とされる思考だと言えます。社会科は「Aだけを学ぶのではなく，AとBを比較し，まとめるとCという結論が出る」というように，複数の社会的事象を比較することが思考の始まりとも言えるでしょう。そこで，子どもたちが事象を比較して考えられるように，ベン図を使った板書を紹介します。

②ベン図を使った板書の効果

　ベン図は，〇を2つ組み合わせた図で，両側には2つの事象がもつ独自性が表現され，重なったところは，両者の共通点が表現されます。ベン図を使うことで，それまで学んだことが整理され，知識が再構成されます。

　事例は，「水の供給」と「ごみ処理」の2つの学習のまとめとして行ったものです。両者は，「人々の健康や生活環境を支える事業」として学習指導要領で扱われ，共通の内容が存在します。さらに両者で学んだ内容は，「経済・産業・政治」の「現代社会の仕組みや働きと人々の生活領域」として，5年生や6年生，中学校の公民的分野につながる内容です。そこで，独自性と

共通性を見出すために，ベン図を使って両者の学習のまとめをしてみました。

③ベン図の使い方

教師からこのような発問をします。

> 水とごみの勉強を比べて，学習のまとめをしよう。

ベン図とこの発問で，子どもが主体的に思考を始めます。各グループでホワイトボード上のベン図を使い，独自性と共通点を見出していきます。そして，それぞれのグループの発表を教師が黒板のベン図にまとめていきます。完成したベン図を見て自由交流をすると，子どもたちはこのような発言をしました。

> 「水とごみがつながるとは思わなかった」
> 「両方とも，僕たちの生活にはかかせない仕事だね」
> 「水もごみも，私たちの関わりが重要だね」

2つの単元に通底する重要な概念が形成されました。

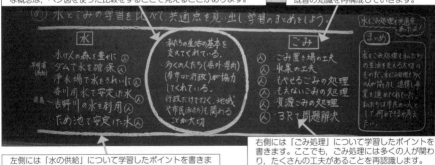

2つの交わりが「共通点」です。「水の供給」も「ごみ処理」も全く違うものだと思っていた子どもたちですが，共通点を考えると以下のようなものが表出されました。一つだけではなかなか捉えられないこのような概念は，ベン図を使った比較をすることで見えることがあります。

両側には，それぞれのもつ独自性が表現されます。両者を比較することで改めて既習の知識を再構成していきます。

左側には「水の供給」について学習したポイントを書きます。改めて，水が自分たちの元に来る過程で多くの人が関わり，たくさんの工夫をしていることを再認識します。

右側には「ごみ処理」について学習したポイントを書きます。ここでも，ごみ処理には多くの人が関わり，たくさんの工夫があることを再認識します。

(黒田　拓志)

板書

意見の対立点や相違点がよくわかる板書のスキル

POINT
❶対立する論点とは
❷左右に対立する意見を書く
❸論点やまとめは真ん中に書く

①対立する論点とは

　「対立する論点」は，どちらかが正解ということではなく，その両方の意見共に社会科の重要な内容が含まれています。対立軸によって，今まで得てきた知識が改めて吟味され，再構成が促されます。子どもの意識と関係なく無理やり対立軸を提示したり，単元の初めから対立軸を設定したりする学習では，主体的で本質に迫る学びができないことがあるので注意が必要です。

②左右に対立する意見を書く

　黒板の左右に対立意見を書きます。事例は，「文化財」の授業です。無形文化財の学習前に有形文化財を学んだ子どもたちは，「昔のものは形を変えないで残すことが大切」と考えていました。しかし，人間国宝の方のお話の中に「変えていくことが大切」という言葉が出てきました。インタビューから帰った後，子どもたちは二項対立の討論を始めました。左は，人間国宝の方の言ったことが「わからない派」。右は「わかる派」です。討論で溢れる子どもの言葉を教師が「どういうこと？」「なんでそう思った？」「みんなわかる？」など切り返しながら板書していきます。左には，「変わらないこと

の大切さ」が表現され，右には「変わることの大切さ」が出てきました。

③論点やまとめは真ん中に書く

　人間国宝の方の漆器づくりの神髄は「続けるために変えること」です。「時代と共に変わらなければ，文化財は滅びる」。無形文化財は常に現在の人のニーズや好みに合わせて少しずつ変化することで存続してきたのです。有形文化財が箱の中で大切に保存されるものに対し，無形文化財は人々がそれを愛し，使い続けることで保存されるものだったのです。人間国宝の方は，今までの全ての技法を全て体得した上で新たな技法を生み出し，現代人に合う漆器をつくっていました。論点であるキーとなる言葉は，黒板の左右両方の思いが込められた深い言葉だったのです。対立する討論によって相対する２つの価値が再認識され，それにより無形文化財の価値がわかった板書です。

真ん中に論点を置きます。
同じ「漆器」でも，昔と今では全く印象が違います。新しいものを生み出していくことが大切といっても，こんなに変えても伝統工芸といえるのでしょうか？山下さんの言葉，「意味わかる？」「わからない？」これが論点です。

左側は「わからない派」です。変えないことの大切さ，受け継ぐことの大切さを訴える意見が出ます。

真ん中には，まとめが来ます。両者の意見をまとめたものが学習問題の答えになりました。

右側は「わかる派」です。現代の感覚を大切に新しい技やデザインをすることの大切さを訴える意見が出ます。

実際の授業の板書では，人間国宝の方が，今までの伝統的な技法を全て体得した上で最新の技を開発し，新たなデザインを生み出したことがわかるテープ図も使って両者の意見の合意点を探りました。

（黒田　拓志）

板書

子どもの考えを位置付けたり，関連付けたりする板書のスキル

> **POINT**
> ❶再構成の授業で有効な黒板開放
> ❷補助黒板を使って再構成していく

❶再構成の授業で有効な黒板開放

　単元の3次や4次は，子どもが問題解決に向けて知識や技能を習得し，自分なりに解決方法をもち始めたころだと思います。その時に有効なのがこの板書です（写真①）。まず，黒板を開放し，現時点での子どもたちの答えを自由に書かせます。黒板に自分の考えを書くことで授業への参画意識が高まり，問題を改めて自分事として捉えるようになります。黒板に文字を書くことに子どもは本来的に憧れがあるようです。黒板は教師が書く「聖域」だと思っているのかもしれません。その黒板に全員の考えを位置付けることで，教室の熱量は一気に高まるのです。黒板に書いた後は自由討論をします。自分の意見が可視化されているので，友達との差異も明確になり，議論は白熱します。

❷補助黒板を使って再構成していく

　この討論によって，今までわかったつもりでいた内容も改めてわかり直しをしていきます。教師は，発表された子どもなりの解を補助黒板に板書しながら「どういうこと？」「なぜ？」「本当に？」「みんなはどう？」等の深める質問をします。討論を通して，ばらばらだった子どもの考えが関連付けら

れてきます。事例では，環境問題を解決するための解が３つ選ばれ，それを教師が補助黒板に板書しました（写真②）。クラス全員で共有した納得解です。ここで，教師はさらに深める発問を用意しました。「これで，問題は解決しそうだね！　さすがみんな！」「でも現実社会はどうなっているの？」。さらに，再構成を促す発問です。理想形だった関係図に子どもたちが群がり，×を書き込んでいきます（写真③）。理想形とは異なる現実が補助黒板に表れました（写真④）。その関係図を見て子どもたちは，市民とは，自分のことだと気付き，「自分は何をすべきか」という視点で話し合いが始まりました。社会参画につながる自己の生き方・在り方を選択・判断する展開となりました。

　このように，全員の考えを黒板に記し，補助黒板で再構成していくという黒板のダブル使用も子どもの考えを生かした板書といえるでしょう。

授業の初めに，子どもたちが黒板に自分の解を書き込みます。

【写真①】全員の解が書き込まれた黒板

【写真②】補助黒板で再構成

完成した理想の姿ですが，「現実」は違うことに気が付き，子どもたちが黒板に×を書いていきます。

【写真④】現実を表現した補助黒板

現実を見ると，まだまだ課題があることがわかりました。自分たちの在り方にも課題があることに気が付きました。

【写真③】理想形に課題を見出す子ども

（黒田　拓志）

学習問題（問い）

子どもたちに問題意識を もたせるスキル

POINT
① 「驚き」や「矛盾」から問題意識をもてるようにする
② 「変化」から問題意識をもてるようにする
③ 「切実感」から問題意識をもてるようにする

① 「驚き」や「矛盾」から問題意識をもてるようにする

　子どもたちは，「そんなにたくさん!?」「変だよ!?」「おかしいよ！」などの驚きや矛盾などを感じた時，自分の内に問いが芽生えます。その問いが学習問題（本稿では，単元を貫く学習上の問題を「学習問題」と表します）へとつながります。例としては，以下のようなものが考えられます。

○ごみ処理の学習（４年）【身近なものへの置き換え→驚き】
　徳島市では，１日に約270トンのごみが処理されている。これは，自家用車の重さで言うと約270台分！
　→「そんなにたくさんのごみを毎日毎日どのように……!?」

○米づくりの学習（５年）【他との比較→驚き】
　徳島県の米の年間の生産量が約６万トン，新潟県は約66万トン。米の生産量を比べると約10倍！
　→「そんなにたくさんの米を新潟県ではどのように……!?」

○元との戦いの学習（６年）【矛盾】
　元と一所懸命戦った武士。しかし，幕府から褒美の土地をもらえず……。
　→「幕府のために一所懸命奉公したのに，どうして？」

②「変化」から問題意識をもてるようにする

前 ⇨ ? ⇨ 後

変化の前と後を提示することで，自分の内に問いが芽生えます。変化前と変化後に「どのようなことがあったのか」を考えたくなるからです。例としては，以下のようなものが考えられます。

○市の様子の移り変わりの学習（3年）【変化「前」を先に提示】

場所を伏せた上で「昔」の徳島市の写真を提示。気付いたことを話し合った後で，同じ場所を映した「現在」の写真を提示。

→「130年の間にこんなに変わったんだ。130年の間にどんなことがあったの!?」

○武士の世の学習（6年）【変化「後」を先に提示】

武士が練り歩く様子を示した絵を提示。気付いたことを話し合った後で，貴族の門番をしている武士の様子を示した絵を提示。

→「武士は貴族の門番だったのに，時代がたつと貴族を押しのけて歩いている。どんなことがあったの!?」

③「切実感」から問題意識をもてるようにする

「何とかしないと！」「どうすれば？」のように，切実感をもてる導入をすることで，問題意識をもたせることもできます。例としては，以下のようなものが考えられます。

○自然災害防止の学習（4年）【深刻さを示す事実を提示】

「学校周辺が河川の氾濫によって2～5ｍの浸水が想定されている地域である」という事実，「吉野川が日本三大暴れ川と呼ばれている」という事実，「学校周辺の土地は高さが低い平野」という事実などを提示。

→「水害は他人事ではないんだ……。どうやって防げばいいんだろう……？」

（佐藤　章浩）

学習問題（問い）

単元の学習を方向付ける学習問題をつくるスキル

> **POINT**
> ❶子どもたちの疑問を大きくまとめた学習問題をつくる
> ❷子どもたちの疑問から「焦点化」して学習問題をつくる

①子どもたちの疑問を大きくまとめた学習問題をつくる

　単元の導入では，写真や絵，グラフなどの資料を提示して気付きや疑問を引き出す学習を行うことが多いと思います。子どもたちからたくさんの気付きや疑問が出た後，どのように学習問題としていけばよいのでしょうか。

　例えば，縄文時代の様子を示した絵資料を提示して話し合うと，子どもたちからたくさんの気付きや疑問が出ると思います。「大昔の人はどうやって料理をしていたんだろう」「大昔の人は，どんな道具を使っていたんだろう」「大昔の家の中はどうなっているんだろう」のようにたくさん出た疑問を，全てつないで学習問題をつくることは困難です。そこで，子どもたちの疑問を大きくまとめた学習問題をつくります。例えば「どのような生活をしていたのだろう」のように広い言葉にすることで，「料理」「道具」「家」など具体的な事柄を含めた，学級みんなの学習問題とすることができます。

| 大昔の人は，どうやって料理を…… | 大昔の人は，どんな道具を…… | 大昔の人の家の中の様子は…… |

　　　　大昔の人々は，どのような生活をしていたのだろう。

❷子どもたちの疑問から「焦点化」して学習問題をつくる

　①のようにすると，学級みんなの学習問題をつくることができます。しかし，子どもたちの発想は豊かなので自由に疑問を出し合うと，大きくまとめようにもまとめることができない多様な疑問が並ぶ場合も出てきます。そこで，①にひと手間加えて「焦点化」して学習問題をつくることをおすすめしたいと思います。例としては，以下のようなものが考えられます。

○日本の特色ある地域の学習（５年）【問いかけによる焦点化】

　単元の導入で，外国の友達（筆者の勤務校の場合は，外国語学習で交流のあるオーストラリアの友達）に日本を紹介するなら，どんなことを紹介するかの話し合いを行いました。子どもたちからは，「山が多い」「海に囲まれている」「魚をよく食べる」などの多様な意見が出されました。そこで，次のように問いかけました。

> みんなが今考えたことは，日本のどこの地域でも当てはまるの？

　このように問いかけることで，子どもたちは「日本全体」から，「日本の各地域の違い」に焦点化して考え始めました。そして，「日本の各地域では，どのような暮らしをしているのだろう」という学習問題をつくりました。

○販売の学習（３年）【資料による焦点化】

　単元の導入で，身近なお店について知っていることや疑問を話し合いました。その後，買い物調べの結果をグラフ化していきました。丸シールを貼ると，２位のコンビニエンスストアに約７倍の差をつけてスーパーマーケットを利用した家庭が多いことがわかりました。子どもたちは，「スーパーマーケットに多くの人が集まる理由」に焦点化して考え始めました。そして，「スーパーマーケットにたくさんの人が集まるひみつを調べよう」という学習問題をつくりました。

（佐藤　章浩）

学習問題（問い）

毎時間の問いをつくるスキル

POINT
❶単元導入における問いの設定
❷毎時間の振り返りの活用
❸1時間の導入の工夫

①単元導入における問いの設定

　単元の学習問題をつくった後で，予想や疑問を話し合うことが多いと思います。予想や疑問を分類することで，この単元で調べるべきことが見えてきます。調べるべきことが，子どもの毎時間の問い（本稿では，１時間の授業のめあてとなるような子どもの問題を「毎時間の問い」と表します）となります。例としては，以下のようなものが考えられます。

○政治の働きの学習（６年）
　市立図書館の移転を教材に学習を進めていくことにしました。子どもたちの予想や疑問を分類すると以下のようになりました。

> a，移転前の様子はどうだったのか？　　b，なぜ移転をしたのか？
> c，移転にあたってどのようなことが話し合われたのか？
> d，移転に関わる費用はどうしたのか？
> e，移転後の様子はどうなっているのか？

　単元を進める中で，もちろん問いが変化したり，新たに生まれたりします。

しかし，１時間ごとに新しく問いをつくるのではなく，土台があることで子どもの中に問いが意識された状態で単元の学習を進めていくことができます。

②毎時間の振り返りの活用

毎時間の問いをつくるために「振り返り」を活用することもできます。その際，大切になってくるのが，振り返りを「広める」ということです。例えば，「学校内の火災への備え」について調べた後で振り返りを書く時間をとりました。右下のような振り返りを，次の時間の導入で取り上げました。

「○○さんは，学校の周りのことを考えているみたいだけど，みんなはどんな設備があると思う？」のように振り返りを意図的に広め，問いかけることで，子どもたちの中に本時のめあてにつながる問いが芽生えます。振り返りを広めるためには，右下のように振り返りを掲示物として友達が見えるようにすることも有効です。

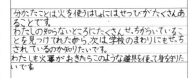

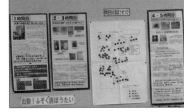

③１時間の導入の工夫

②「振り返りの活用」以外にも，１時間の導入における問いかけや資料提示の工夫をすることで，毎時間の問いをつくることができます。例としては，以下のようなものが考えられます。

○日本の特色ある地域の学習－暑い地域－（５年）

沖縄県は，「台風が多く通り雨が多く降る」ということを学んだ次の時間。「『水不足』との見出しがある新聞記事」と「沖縄県の給水制限の連続日数」を示す資料を提示します。学習してきた「雨が多い」という事実と，「水不足」という事実の矛盾から，子どもの中に問いが芽生えます。この③「１時間の導入の工夫」については，スキル㉕のページで詳しく説明します。

（佐藤　章浩）

学習問題（問 い）

学習問題から見通しを立てるスキル

> **POINT**
> ❶予想や疑問の観点ごとの分類
> ❷調べ方の話し合い
> ❸単元のゴールの設定

①予想や疑問の観点ごとの分類

　学習問題をつくった次の時間が大切になります。スキル㉑で紹介した「市の様子の移り変わり」の学習では，「徳島市の様子やくらしがどのようにかわったのか調べよう」という学習問題をつくった次の時間，予想や疑問を話し合う時間をとりました。子どもたちの意見を「交通」「公共施設」「人の数（人口）」「土地の使われ方（土地利用）」「くらしの道具」に分類して板書をすることで，単元でどのようなことを調べていくかという見通しをもつことにつながりました。スキル㉓の①でもお示ししたように，毎時間の問いにつなげることもできます。なおこの分類は，学習指導要領で例示された視点

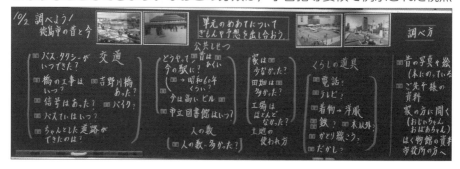

を意識したものです。学習指導要領の例示を参考に分類の視点を考えてみてはどうでしょうか。

②調べ方の話し合い

　前ページ下の板書の写真を見ていただくと，右側に「調べ方」という項目があります。予想をした後，子どもたちと「どのようにしたら調べることができるか」という方法を話し合うことで，さらに単元の見通しをもつことができるようになります。調べ方を話し合って見通しをもつことができれば，さっそく家で資料を探したり，休日に博物館に行ったりと行動を開始する姿が見られます。

　発表として出てこなかったものでも，ノートの記述を見てスキル㉓の②のような掲示物で，学級へ広めることもできます。

③単元のゴールの設定

　単元の導入時に「単元のゴール」を話し合って設定しておくということも有効です。例えば，「県の伝統文化」を学習した際には，子どもたちと話し合って，「阿波踊りを県外の方に伝えるガイドブックをつくる」ことをゴールとしました。その際，「学習でお世話になった市役所のAさんが県外に徳島県のPRに行く際に，完成したガイドブックを持って行ってくださる」ということも伝えました。また，「政治の働き」を学習した際には，子どもたちと話し合って，「政治ニュースについて調べて，卒業する自分たちから後輩へ考察文を残す」ことをゴールとしました。卒業した現在も6年生の本棚に，当時の考察文をファイリングしたものを置いていただいています。もちろん，表現物だけがゴールではありません。「○○について議論する」「○○について自分の考えを決める」なども考えられます。

（佐藤　章浩）

25 学習問題と問いを構造的につなぐスキル

学習問題（問い）

> **POINT**
> ❶「ズレ」を意識した場面の設定
> ❷「社会に見られる課題」を意識した場面の設定

①「ズレ」を意識した場面の設定

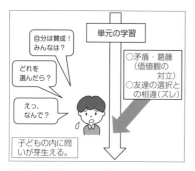

　スキル㉓に加えて学習問題と毎時間の問い（ここでは特に，単元終末の深く考える場面の問い）をつなぐ工夫を紹介します。ここで言う「ズレ」というのは，「矛盾」「葛藤」「考えの相違」などを指します。学習問題をつくり単元の学習を進めていく中で，子どもが立ち止まって考える場面を意図的に設定します。より深まった問いが生まれるイメージです。

○「食料生産」の学習（5年）【単元の学習との矛盾や葛藤】

　単元の学習を進め，生産性や品質を高める努力が見えてきました。単元終末で「努力して生産した作物なのに，畑に捨てている」という事実を提示します。豊作になり過ぎると値崩れするため産地廃棄することがあるのです。この事実は単元の学習と矛盾します。「えっ！　なんで？」「おかしいよ？」と本気になり子どもたちは探究を深めます。「価格や費用」に着目して考えるとともに，「捨てざるを得ない。でも，どうにか……」と葛藤を感じながら，今後の農業について切実感をもって考え始める契機となったように思います。

○「味噌づくりの仕事」（３年）【友達の考えとの相違】

　単元の学習問題は，「味噌づくりの仕事にどのようなひみつがあるのかさぐろう」です。ゴールは「味噌新聞を学校のみんなに発信する」ことになりました。学習を進め，伝統を守りながらも新しいことに挑戦する姿が見えてきました。単元の終末で，右上の図のように子どもの考えに「相違」が見られました。同じ味噌屋さんの学習をしてきたはずなのに，考えにズレがあるというおもしろさから，「S工場は，昔とどのくらい変わったのか考えよう」というめあてをつくりました。子どもたちは自然と「継承」と「発展」という２つの視点から，生産のあり方について考えを深めていったように思います。

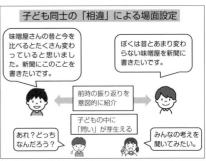

②「社会に見られる課題」を意識した場面の設定

　学習指導要領では「社会への関わり方を選択・判断」する学習が示されました。その際に大切になるのが「社会に見られる課題」を意識することです。

○「県の伝統文化」の学習（４年）

　地域の盆踊りについて，歴史的な背景や現在に至る経過，踊りに込めた思いなどを調べました。単元終末で，「地域の盆踊りが，これからも続くようにどうすればいいか」を考える場面を設定しました。漠然と話し合うのではなく，「連の方の高齢化が進んでいるから，○○をしたら……」「知名度の低さを連の方が悩んでいたから，自分たちもせめて○○を……」のように単元で学んだ，具体的な「課題」を踏まえた選択・判断となるよう意識することが大切です。

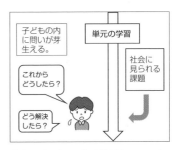

（佐藤　章浩）

調べ活動

調査活動のためのスキル

POINT
❶地域の調査等で着目する視点を共通理解し，記録方法を確認する
❷観察した事項の分類・整理の方法を確認し，追究・解決の見通しをもてるように

　「調査活動」は，見学や観察，聞き取りなどを含むものです。これらは野外調査活動の一つの手法であり，次の3つの技能があります。①調査の観点（数，量，配置等）に基づいて，現地の様子や実物を観察して情報を集める。②景観のスケッチや写真撮影等を通して観察し，情報を集める。③地図を現地に持っていき，現地との対応関係を観察し，情報を集める。

① 地域の調査等で着目する視点を共通理解し，記録方法を確認する

　調査活動は，学習問題の解決を図るための方法として行うものです。教科書や副読本，地域や市の地図を活用して調べますが，現地で直接観察しなければ調べられないことを洗い出し，学級全体で共通理解することが重要です。
　第3学年内容(1)を例にすると，身近な地域や市の様子を捉え，場所による違いを考え，表現するために着目する事項が，①都道府県内における市の位置，②市の地形や土地利用，③交通の広がり，④市役所など主な公共施設の場所と働き，⑤古くから残る建造物の分布，と示されています。これらのうち，地域や市の地図だけで調査することが難しく，現地を歩いて観察することで記録可能であると考えられる事項を整理したものが次のページの表で

す。着目する事項，具体的な観察対象，記録方法を整理して共通理解し，情報を集めることが大切です。

	着目する事項	具体的な観察対象	記録方法
①	都道府県内における市の位置	・県や市境の表示	・写真
②	市の地形や土地利用	・山，坂，川，池等 ・民家，商店等 ・田畑，工場等	・白地図（道路標示等） ・写真
③	交通の広がり	・駅周辺の交通量 ・バスの時刻表	・表（短時間の交通量調査） ・写真
④	市役所など主な公共施設の場所と働き	・主な公共施設 ・建物表示	・写真
⑤	古くから残る建造物の分布	・建造物（寺社等） ・建造物表示	・写真
⑥	①から⑤までを横断する事項	・歩行者の様子 ・働く人の様子	・メモ（服装の様子等） ・白地図，表（人数等）

※記録方法は観察にでかけた時のもので，それぞれを課題解決の段階で地域や市の白地図に位置付け，まとめていくことになります。

② 観察した事項の分類・整理の方法を確認し，追究・解決の見通しをもてるように

　観察した事項をどのように分類・整理すると，学習問題の解決が確かに図られるかを話し合うなどして確認し，児童が相互に共通理解することが大切です。

　社会科では，調査した内容をまとめる主な方法として，例えば，白地図，表，年表，新聞，紙芝居，文章，プレゼンテーションなどがあります。課題把握の段階で，調べた内容をどのような方法でまとめるのかを確認して共通理解することで，児童は単元など内容や時間のまとまりを見通して追究・解決することができるようになります。

（北川　大樹）

調べ活動

見学して調べるためのスキル

POINT
❶学習指導要領で「見学」が位置付く内容の確認
❷立地に着目させる「なぜ，ここに○○があるのか？」
❸質問から深い学びへ

　学習問題の解決に向け，追究する社会的事象と関連する施設や事業所を見学することは，体験を伴う学習の一層の充実という点から意義深いことです。また，学習内容を確かに理解することに加え，追究方法を身に付けるという点においても貴重な学習活動と言えます。児童の追究・解決を具体的にイメージし，「見学」を効果的に位置付けた単元計画を立案したいところです。

①学習指導要領で「見学」が位置付く内容の確認

　各学年の内容アに「見学・調査したり地図などの資料で調べたり～」という記載があるものを洗い出すと次のようになります。

学年	内容
第3学年	内容(2)「地域に見られる生産や販売の仕事」 内容(3)「地域の安全を守る働き」
第4学年	内容(2)「人々の健康や生活環境を支える事業」 内容(4)「県内の伝統や文化，先人の働き」
第5学年	位置付けなし
第6学年	内容(1)「我が国の政治の働き」

②立地に着目させる「なぜ，ここに〇〇があるのか？」

　社会的事象の特色や意味の理解を図るための手だてとして，その施設や事業所の立地に着目することが考えられます。

　学習指導要領の第4学年内容(2)を例にすると，飲料水，電気，ガスの供給のための事業の様子を捉え，それらの事業が果たす役割を考え，表現するために着目する事項が，①供給の仕組みや経路，②県内外の人々の協力，と示されています。これらの事項はいずれも，施設や事業所やそれらの中での働きを調査するだけでは不十分です。具体的には見学の際に，「施設や事業所の周辺の様子」を観察し，供給の仕組みや経路に着目して調べることが必要になります。そして，施設や事業所の立地の意味を考えることにより，自分の生活との関連を考えることに結び付けていくことができます。特に，廃棄物を処理する事業所の立地の背景には，長期間にわたる県や市と地域住民，または地域住民相互の対立が見られる事例も少なくありません。そのような，過去の対立から合意までの地域住民の交渉や活動を経て，現在の自分たちの生活環境の維持と向上が図られていることの意味に迫ることができます。

③質問から深い学びへ

　施設や事業所での見学の際に，働く人の説明を聞いたり，直接質問したりすることを通して理解を確かにし，深められる点も，見学のメリットです。それは，見学の際の児童の質問に，単元に位置付けた見学という学習活動が効果的だったかが象徴的に表れるからです。

　単元における見学の位置付けが，課題把握の段階なのか，課題追究の段階なのか，また課題解決の段階かによって，内容の設定が異なってきます。つまり，児童が見学の際に，どの程度の知識を獲得していて，どのような問題意識をもっているのかを把握することが大切です。説明の内容や見学のコースについては，十分な吟味と事前に打ち合わせをした上で，児童の学習状況を踏まえたものにしておく必要があります。

（北川　大樹）

調べ活動

インタビュー活動のためのスキル

POINT
❶学習指導要領で「聞き取り調査」が位置付く内容の確認
❷「聞き取り調査」では，学級としての基本の質問を決めておく

　インタビュー活動は，学習指導要領において「聞き取り調査」として位置付いています。手段を考えて課題解決に必要な社会的事象等に関する情報を収集する技能であり，追究の対象となる社会的事象に関わる人物から，直接話を聞くなど，やりとりができる点で有効な追究方法です。「聞き取り調査」は社会調査活動の一つの手法であり，行政機関や事業者，地域住民等を対象に聞き取りを行ったり，アンケートを行ったりして情報を集めることです。

① 学習指導要領で「聞き取り調査」が位置付く内容の確認

　各学年の内容アに「聞き取り調査をしたり～」という記載があるものを洗い出すと次のようになります。

学年	内容	聞き取りの対象
第3学年	内容(4)「市の様子の移り変わり」	・博物館や資料館などの関係者 ・地域の人など
第4学年	内容(3)「自然災害から人々を守る活動」	・県庁や市役所，地域の防災組織などの関係者
第5学年	内容(4)「我が国の産業と情報との関わり」	・放送局や新聞社，情報を生かして発展している産業に従事して

		いる人
第6学年	位置付けなし	

②「聞き取り調査」では，学級としての基本の質問を決めておく

　学習問題の解決のために，必要な情報を聞き取って集めることが必要になる場合があります。しかし，学級として聞き取りの目的と内容が明確になっていないと，児童がそれぞれの関心や思いつきで聞き取ることとなり，結果として，何が明らかになったのかがわからないということになりかねません。

　第4学年の「自然災害から人々を守る活動」を例に考えてみます。

> 第4学年内容(3)ア(ア)地域の関係機関や人々は，自然災害に対し，様々な協力をして対処してきたことや，今後想定される災害に対し，様々な備えをしていることを理解すること。

　本単元の課題追究の段階で，「自分たちにできることなどを考えるための資料（目的）」を聞き取り調査で集めることになりました。これまで調べてきた「自然災害に対する地域の関係機関の働き（既習事項）」に対する「地域の人々の協力に対する意識（内容）」について，児童一人ひとりが，保護者や近所の人を対象（対象）に，聞き取り調査を行うことを確認しました。ここで聞き取る内容を共通の質問として設定することが大切です。今回の聞き取り調査の目的と学習内容から，共通の質問は次の2つが考えられます。①これまで地域で自然災害が起こった時に，協力して対処したことがありますか。また，それはどのようなことですか。②今後想定される災害（当該地域で過去に繰り返し起こっている自然災害）に対し，どのような備えをしていますか。

　共通の質問に基づき聞き取り調査を行う中で，さらに自分なりに質問を加え，やりとりを通して追究を深めていくことが期待できます。　　（北川　大樹）

調べ活動

さまざまな資料で調べるためのスキル

POINT
❶社会科の追究に有効な資料にはどのようなものがあるのか？
❷社会的事象には多様な見解，未確定な事柄があり，さまざまな見解があることを多角的に追究できるようにする
❸小学校社会科４年間の系統を踏まえる

① 社会科の追究に有効な資料にはどのようなものがあるのか？

地図	さまざまな種類の地図や地球儀を活用することで，位置関係や形状，分布，面積などの情報を集めることができます。
年表	出来事やその時期，推移などの情報を集めることができます。
統計	表やグラフから，傾向や変化などの情報を集めることができます。
その他	新聞，図書や文書，音声，画像などから，さまざまな情報を集めることができます。また，体験活動を通して，人々の仕事などに対する情報を集めることもできます。博物館や郷土資料館等の施設，学校図書館や公共図書館，コンピュータなどを活用することもできます。

② 社会的事象には多様な見解，未確定な事柄があり，さまざまな見解があることを多角的に追究できるようにする

児童がさまざまな資料を活用して追究することの意義の一つに，「児童が多角的に考えたり，事実を客観的に捉え，公正に判断したりすること」があ

ります。社会的事象の捉え方は，それを捉える観点や立場によって異なることから，これらについて，一面的な見解を十分な配慮なく取り上げた場合，ともすると恣意的な考えや判断に陥る恐れがあります。多角的に考えることを重視して，そのよりどころとなる資料に関しては，その資料の出典や用途，作成の経緯等を含め，十分に吟味した上で使用することが必要です。

> 平成27年３月４日付初等中等教育局長通知「学校における補助教材の適正な取り扱いについて」（26文科初第1257号）
> ① 教育基本法，学校教育法，学習指導要領等の趣旨に従っていること
> ② その使用される学年の児童生徒の心身の発達の段階の即していること
> ③ 多様な見方や考え方のできる事柄，未確定な事柄を取り上げる場合には，特定の事柄を強調し過ぎたり，一面的な見解を十分な配慮なく取り上げたりするなど，特定の見方や考え方に偏った取扱いとならないこと

③小学校社会科４年間の系統を踏まえる

調べるためのスキルを各学年で整理すると次のようになります。

小学校社会		
		・様々な資料や調査活動を通して情報を適切に調べ
	３年	・調査活動，地図帳や各種の具体的資料を通して，必要な情報を調べ
	４年	・調査活動，地図帳や各種の具体的資料を通して，必要な情報を調べ
	５年	・地図帳や地球儀，統計などの各種の基礎的資料を通して，情報を適切に調べ
	６年	・地図帳や地球儀，統計や年表などの各種の基礎的資料を通して，情報を適切に調べ

（北川　大樹）

調べ活動

インターネットで調べるためのスキル

> **POINT**
> ❶情報手段の特性や情報の正しさに留意する
> ❷社会科調べ学習のための子ども用ホームページを積極的に活用する

①情報手段の特性や情報の正しさに留意する

　インターネットからの情報を活用する場合は，次の３点に留意して指導する必要があります。

> ① 資料の表題，出典，年代，作成者などを確認し，その信頼性を踏まえる。
> ② 個人のブログやSNS等，情報手段の特性に留意する。
> ③ 情報発信者の意図，発信過程などに留意する。

　他教科等での指導と関連付けるとともに，発達段階や指導の系統性を踏まえ，意図的計画的に指導することで，定着を図ります。

②社会科調べ学習のための子ども用ホームページを積極的に活用する

　文部科学省ホームページ (http://www.mext.go.jp/a_menu/shotou/new-cs/1394142.htm) にある「社会科に関係する教材や資料等のウェブサイトについて」に，社会科に関係する教育内容に関する教材や資料集等のアドレスが掲載されています。各内容

を指導する際の参考として利用することができるようになっています。
　ここでは、各内容に関係の深いウェブサイトのうち、子ども用に用意されているものを枠組ごとに紹介しました。

枠組	ウェブサイトの名称とURL	学年
地理的環境と人々の生活	国土地理院　子どものページ（国土交通省） http://www.gsi.go.jp/KIDS/index.html	全
	全国自治体マップ検索（地方公共団体情報システム機構） https://www.j-lis.go.jp/spd/map-search/cms_1069.html	全
	こども森林館（林野庁） http://www.rinya.maff.go.jp/kids/top.html	5年
現在社会の仕組みや働きと人々の生活	小学生のための環境リサイクル学習ホームページ （一般社団法人産業環境管理協会　資源・リサイクル促進センター） http://www.cjc.or.jp/j-school/	4年
	子どものための農業教室（農林水産省） http://www.maff.go.jp/j/agri_school/	5年
	教えてお魚（全国漁業協同組合連合会） http://www.zengyoren.or.jp/kids/oshiete/index.html	5年
	みんなの鉄学（一般社団法人　日本鉄鋼連盟） http://www.jisf.or.jp/kids/index.html	5年
	参議院キッズページ（参議院） http://www.sangiin.go.jp/japanese/kids/flash/index.html	6年
歴史と人々の生活	明日香村キッズ（明日香村） https://asukamura.jp/kids/index.html	6年
	目的別利用案内（江戸東京博物館） http://www.edo-tokyo-museum.or.jp/purpose/library/students/	6年
	明治維新を支えた人たち（山口県教育庁教育政策課） http://www.ysn21.jp/furusato/ishin/ishin.html	6年
	キッズ平和ステーションヒロシマ（広島平和記念資料館） http://www.pcf.city.hiroshima.jp/kids/index.html	6年

（北川　大樹）

話し合い

子ども同士の話し合い活動を支えるスキル

POINT
❶話し合いの目的を明確化する
❷子どもが考えを伝えるための話型を活用する

①話し合いの目的を明確化する

　子ども同士の話し合い活動を充実させるには，子どもが話し合いの目的を明確にして臨めるようにすることが大切です。話し合いの目的とは，すなわちその授業の学習問題（問い）であり，子どもたち一人ひとりがこの時間に何について話し合い，何を解決していくのかを明確にもっておくことです。学習問題は前の時間に成立していることもあれば，授業の中で成立することもあります。いずれにせよ，きちんとその問いを板書するなど，どんな問いをみんなで追究していくのか，子どもたちがわかるよう可視化して話し合いをすることで，子どもが意識して話し合いに臨むことができます。

　また，話し合いのよさを子どもが自覚していくことも大切です。では，授業の中で子ども同士が話し合いをするよさとはどんなことでしょうか。自分と異なる考えに出合い多様な考えがあることに気付ける，自分では思い浮かばなかった意見により，問いを解決していく助けになる，一人の価値観ではなくさまざまな子の価値観が合わさることで協働した見方を創り出すなど，話し合い活動のよさはたくさんあります。子ども自身が，友達と話し合う学習の中で気付いた話し合いのよさを教師が受け止め，価値付けていくことも大切だと言えるでしょう。

②子どもが考えを伝えるための話型を活用する

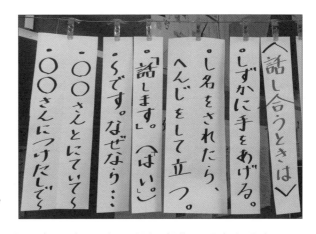

　子ども同士が話し合い活動を進めていくためには，話し合いの仕方を身に付けていく必要もあります。なかなか自分の考えを他者に伝えることが苦手な子どもにとっては，教師が伝え方を示すことで，安心して自分の意見を述べることができます。「なぜなら」などの話型は根拠や理由を明確にして話す助けになりますし，「A君と似ていて」「Bさんに付け足しで」などの話型は，友達の考えと比べて自分の考えを述べたり，子ども同士で話を聞き合いながら発言したりする助けになります。上の写真は3年生時のものです。これらは，低学年のうちから積み重ねていくことで力が付いてくるものでもありますし，「Cさんに関連して」「Dさんとは違って」など学年の発達段階に応じて提示を増やしていくことも効果的です。

（細水　大輝）

話し合い

子どもと教師のやりとりを支えるスキル

POINT
❶子どもの発言を丁寧に聞き，問い返す
❷事前の子どもの見取りから，子どもの発言をつなぐ見通しをもつ

❶子どもの発言を丁寧に聞き，問い返す

　本時目標に迫っていくためには，子ども同士の話し合いの中でも，時には教師が整理したり，問い返したりしていくことも大切です。

> C 最初1997年に始めた頃には，SさんとSさんのお兄さん。で，2007年には，なんか最初はなんていうんだろう始めたばっかで募集していたかわからないけど，10年とか20年とかやっているとSさんとかも知識が増えて，それですごいやれるようになるから，それで募集して，そうすると従業員が入ってくるからだからどんどん増えていっているのかな。
>
> T じゃあ若い人じゃなくてもよくない？【考えを深めるための問い返し】
>
> C えっと，今先生が言ってたのは，その若い人がいれば，**何年たっても，あっ50年たってもまた受け継いでくれる人がそのいるので**，それで若い人も来てほしいと願ってるんじゃないかと思います。
>
> C えっと，きっと若い人がいると，Sさんは60～70代だから，80～90代になったらもう年もあれだし，年をとってしまって動けないっていうか力が出ないから，だから**若い人がいればいるほど，その後のことも全部受け継げられるから**，60～70代から入ってもやれる時間は短いから，20～30代だと林業をやっている間が，**長い時間続けられるから**だからだと思います。

左の授業記録は，森林環境の保護に取り組むSさんについて，年代別の従業員の推移グラフを見ながら子どもが話し合っている場面です。子どもは，従業員の数が増えていることに着目して話をしていました。そこで，教師が「じゃあ若い人じゃなくてもよくない？」と問い返します。すると，その後続いた子は，「何年たっても〜」「全部受け継がれる」と，「年齢層」に着目して，「Sさんはずっと森林を整備していこうとしている」ことに気付いていきました。このように，子どもの話を丁寧に聞き，教師が話を焦点化するための問い返しをしたり，子どものつぶやきを拾ったりすることで，話し合いが深まっていきます。

② 事前の子どもの見取りから，子どもの発言をつなぐ見通しをもつ

　話し合い活動に入る前に，子どもを丁寧に見取り，子どもが何を考えているのかを把握しておくことで，教師がどこで入るかある程度見通しをもつこともできます。例えば，下の図は，学習問題に対する子どもの考えを座席表にまとめたものです。ノート記述や子どもの聞き取りから，子どもの考えをまとめ，分類して色分けしておきます。このように，どのような考えをもって話し合いに臨んでいるのかをまとめ，教師が把握しておくことで，子どもが必要とする資料を選定したり，意図的指名をしたりと，話し合いの見通しをもつことができます。（細水　大輝）

33 子どもとゲストティーチャーとのやりとりを支えるスキル

話し合い

> **POINT**
> ❶ゲストティーチャーと子どもの出会わせ方を工夫する
> ❷子どもの問いを分類・整理し，質問の視点を明確にする

①ゲストティーチャーと子どもの出会わせ方を工夫する

　ゲストティーチャーに参加していただく，もしくは見学に行った際に説明していただく時に，ゲストティーチャーとの出会わせ方を工夫することで，子どもたちの質問したり話を聞いたりする意欲を高めることができます。例えば，前もって教師がゲストティーチャーと打合せをした時に，ゲストティーチャーとツーショットの写真を撮らせてもらっておきます。そして，子どもに紹介する時にその写真を提示します。子どもたちに「○○さん」という紹介の仕方でその方と出会うのと比べて，「先生の知り合いの○○さん」「先生の友達の○○さん」と出会うことで，子どもの精神的な距離が縮まります。また，意外性をもたせる，必要感をもたせるなど，出会わせ方の工夫の仕方はさまざまですが，どの方法にせよ，教師が子どもとゲストティーチャーとのつなぎ役になることが大切です。

②子どもの問いを分類・整理し，質問の視点を明確にする

　子どもがゲストティーチャーに質問する場面で対話が生まれるようにするためには，あらかじめ子どもの問いを，子どもと一緒に分類・整理しておくことが効果的です。例えば，豆腐屋の方に話を伺う時に，あらかじめ「何年くらいこの仕事をしていますか」「豆腐をつくるのにどのくらい時間がかかりますか」「一日にどのくらい豆腐をつくりますか」といった問いを出し合う時間を設定し，「ゲストティーチャーについて」「時間について」「量について」などと分類していきます。それを子どもと一緒に行うことで，子どもたちは質問や見学の視点をもつことができます。また，子どもが一人ひとりの問いを短冊に書いたものを貼っていくことで，自分の問いと友達の問いとの関係を視覚的に捉えることができ，「私は○○さんと同じ視点だから，○○さんが質問したら私も付け足しで質問しよう」「時間と数は同じ豆腐づくりについてだから，つなげて質問しよう」と，ゲストティーチャーとの主体的な対話を生み出すことにつながります。

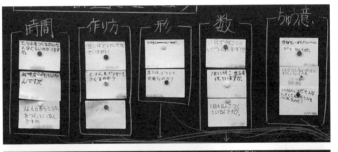

このように，子どもが自分の聞きたいことを準備しておくだけでなく，質問の視点を明確にもっておくことがポイントです。

（細水　大輝）

話し合い

説明する力や議論する力を育てるスキル

POINT
❶友達の意見を踏まえ，つなげて議論するために立場を視覚化する
❷根拠や理由を明確にもてるための体験的活動や具体物を取り入れる

① 友達の意見を踏まえ，つなげて議論するために立場を視覚化する

　説明する力や議論する力を育てるためには，友達の意見を踏まえたりつなげたりできる場面を創り出していくことが大切です。そのための手立ての一つが，名前マグネットの活用です。子どもの発言にその子の名前マグネットを貼っていくことで，「○○さんと似ていて〜」「○○さんとは少し違って〜」と友達の意見に付け足したり反論したり，友達の意見を踏まえての議論がしやすくなります。また，マグネットの裏表を異なる色にしておき，意見の変わった子のマグネットを移動させたり色を変えたりすることで，立場の変化や考えの変容を捉えやすくなります。発言が苦手な子には，「自分と似ている考えのところにマグネットを貼っておいで」と促すことで，授業に主体的に参加していく助けにもなります。

② 根拠や理由を明確にもてるための体験的活動や具体物を取り入れる

　また，根拠や理由を明確にもてるようにし，それを論理的に話すことができるようにしていく必要もあります。例えば，5年生の農業の学習で，「Aさんは，なぜ株間を広げて植えているのか」という学習問題について考え，話し合う時間に，下の写真にある稲が植えてある様子の模型を準備します。具体物があることで，株と株の間が広がることだけでなく，1㎡の中に植えられる稲の数が減ることも視覚的に捉えやすくなります。授業中，稲の日当たりの違いに着目して考えた子は，模型を操作しながら日当たりの違いを論理的に説明しました。他にも，地図や立体地図を囲んで話し合う，掲示物を活用するなども考えられます。このように，具体物を準備することで，子どもが根拠や理由を明確にし，論理的に話す力をつける助けになります。

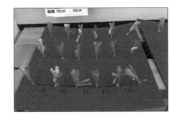

　また，体験的活動を適切に取り入れていくことも有効です。例えば，水産業の学習で，200kgのマグロをはえ縄漁で獲っているということを子どもは知ります。そこで「200kgってどのくらい重いのだろう」という子どものつぶやきを拾い，実際に200kgの土を引っ張る体験を取り入れることで，「重いマグロを獲るのは大変」という発言が「あのみんなで引っ張っても重くて大変だったマグロを，たった数人で獲るのは大変」と表現がより具体的になります。こうして実感を伴う理解にしていくことや，みんなが同じ土俵に立って話し合いに臨むことは，子どもが根拠や理由をもって話すことにつながります。

（細水　大輝）

話し合い

話し合い活動を活発にするスキル

> **POINT**
> ❶思考スキルを活用する
> ❷学習形態，指名方法を工夫する

❶思考スキルを活用する

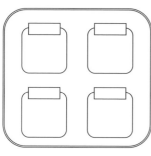

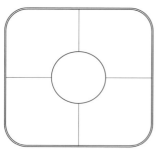

　グループでの話し合い活動などでは，ホワイトボードを使用することも多いと思います。その際，思考スキルを取り入れて指示をすることで，子どもたちの話し合いが活発になります。例えば，「似ているものを集めてグループの名前をつけよう」と分類・整理する思考（左の図-上）や，「みんなの考えをまとめてグループの考えを出そう」と総合する思考（左の図-下）を提示します。その際，ホワイトボードのまとめ方も指導することにより，子どもたちは話し合いがしやすくなります。このように，思考スキルを活用することも，話し合いを活発にするポイントとなります。

②学習形態，指名方法を工夫する

　話し合い活動を活発にするためのポイントのひとつに，机の並び方を工夫することも考えられます。例えば，前向き，コの字型など，並び方はさまざまですが，大切なことは，何のためにその並び方にするのか意図をもって形をつくることです。例えば，黒板を中心に教師が発問し，子どもたちがそれぞれ意見をいうような授業であれば，前向きの形は子どもが集中しやすい形と言えます。反対に，子ども同士の話し合いを活発に行いたい場合は，コの字型のように子ども同士が顔を見合わせやすい方が話しやすくなります。さまざまな学習形態がある中で，学習の内容に合わせて机の並べ方も変えていくことが効果的です。

　また，指名方法も同じことが言えます。よく，話し合いを相互指名で行うことがありますが，相互指名をしたから子ども同士の話し合いが活発になるわけではありません。もちろん，子ども同士が意見をつなげて授業をつくっていくのに効果的です。しかし，ここぞという時に教師が出づらくなることもあります。下の表は，メリットとデメリットについて簡単にまとめたものです。指名方法も，学習の内容に合わせて取り入れていくことが大切です。

	教師による指名	相互指名
メリット	・意図的指名がしやすい ・子どもの発言の背景を考えた指名ができる	・子ども同士で授業をつくることができる ・子ども対子どもの構図になりやすい
デメリット	・子ども対教師の構図になりやすい ・教師主導の進行になりやすい	・内容ではなく，個人の好み（仲のよさなど）によって指名してしまうことがある ・教師が出るタイミングを図りづらい

（細水　大輝）

まとめる活動（表現）

白地図にまとめるスキル

POINT
❶社会的事象を白地図に正しく記録する技能を身に付ける
❷社会的事象を白地図に可視化することで思考や理解を促す

　学んだことを白地図にまとめたものは，それ自体がそれ以降の学習を支える時間・空間・相互関係の概念の元にもなると捉えることが大切です。

① 社会的事象を白地図に正しく記録する技能を身に付ける

　第3学年でまち探検に出かけて調べてきたことを白地図にまとめる活動をしますが，先行経験のない子どもたちにとって，それらを正確に記していくことは容易ではありません。まず，①方位記号を読んだり書き入れたりして，正しい方位を必ず確認します。②書き表したいことの元になる見学メモやデジタル画像，図書や地図などの資料を傍らに置きます。特に，学習指導要領に示されたように，第3学年では，初めて地図帳を使用するので，地図帳の使い方と合わせて，方位記号や地図記号を丁寧に教えることが大切です。

　第3学年では，市町村や地域の地図縮尺と実生活の感覚とをすり合わせる作業が最も重要です。例えば，学校周辺の地図を模造紙にまとめる時は，まずは自分たちの学校や市に印を付けることで，作業の道標になります。その上で，「学校から駅までの距離は，学校から図書館までの距離の約2倍だね」「駅の周辺はビルや商店が多いけど，○○神社の西側には田んぼが一面

に広がり，北側は山が続いていたね」のように，実際に見てきたことを写真などで確認しながら，方位や位置関係，距離感をつかませるようにします。この感覚が都道府県サイズや，日本地図や世界地図のサイズの学習の時の応用力の元になります。

　学年を問わず，分布や広がりをまとめる際には，シールや写真を貼ったり，色分けしたり説明を書き入れたりすることが有効です。

② 社会的事象を白地図に可視化することで思考や理解を促す

　白地図にまとめるときは，市町村地図や県の地図，地図帳や地球儀，インターネット上の地図などを参照することが有効ですが，まとめることが目的ではありません。そこから傾向や背景，変化などを読み取り，説明する力を付けることまでを見据えて活動に入らせます。つまり，傾向や特徴を可視化させたい時に白地図にまとめる作業を取り入れるのが有効なのです。

【事例】第6学年　○むらからくにへと変化したこと

　巨大古墳の基数を日本地図に色別で表してみると，古墳時代のくにの勢力を理解することができます。古墳時代前期・後期に分けると，勢力の変化までつかめます。

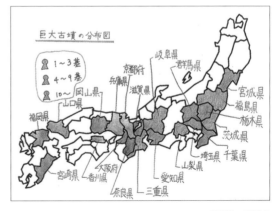

（石井　芳生）

まとめる活動（表現）

年表にまとめるスキル

> **POINT**
> ❶社会的事象の歴史と足跡，人々の生活の関係をわかりやすく表す
> ❷時間経過を視覚的・感覚的に捉えさせる

　社会的事象や人物の足跡などを時系列にまとめていく上で，大切なことは，要点を絞ることと，記述することの目的や与えた影響までを捉えることです。

① 社会的事象の歴史と足跡，人々の生活の関係をわかりやすく表す

　年表のよさは時系列に事象を整理して流れや変化を捉えられることです。授業で大切にしたいことは，子どもたちとともに要点を取捨選択して記すことです。とはいえ，子どもたちにとってどれが要点か否かを判断するのは難しいことです。

　例えば，第3学年の市の様子の移り変わり（生活の道具）では，50年前の道具も100年前の道具も，子どもたちにとってはどちらも「昔」なのです。だからこそ，事象だけを年表に記すのではなく，そうなった背景や目的，その事象が人々の生活に及ぼした影響を書き込んだり考えさせたりしなければならないのです。洗濯機の誕生は多くの女性の長年の望みでした。その誕生によって女性の家事負担が大きく軽減され，女性に自由時間が保障され，社会進出のきっかけにもなりました。さらに，二槽式，全自動と進化を遂げ，さらに女性の自由時間が増えました。この「女性の」という限定表現も，我が国の時代背景を深く考えさせるポイントになります。

また，第４学年の先人の働きや第６学年の歴史学習は，人物の生い立ちや功績ばかりを追って年表に記しがちですが，これでは道徳のような授業内容になってしまいます。やはり，その時代の背景や，事象の目的や，その事象が及ぼした影響をしっかりとおさえる必要があります。何kmにわたって灌漑用水を引いたことで農業収益を著しく増大させたとか，この戦いで80％以上の国を支配下に置き，覇権を取る大きな足がかりになったなど，数値データや及ぼした影響の具体をおさえながら年表にまとめていくことこそが社会科学習なのです。

②時間経過を視覚的・感覚的に捉えさせる

　年表作成の鉄則は，時間の経過と年表の尺が一致していることです。横軸に年代や時期などを記し，西暦と元号を併記することも大切です。

【事例】第６学年　○日本国憲法と国民生活

　日本国憲法は1946年（昭和21年）11月３日に公布され，1947年（昭和22年）５月３日に施行されました。黒板上に紙テープを貼り，10年区切りで線を入れます。そして，現在から12年前までを違う色の紙テープを重ねて貼ります。これは６年生の子どもたちが生きてきた幅です。日本国憲法が公布された72年前は，その６回分の時間幅ということが視覚的にも実感できます。

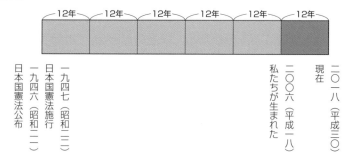

（石井　芳生）

38 図表にまとめるスキル

まとめる活動（表現）

> **POINT**
> ❶用いる図表の特徴と作成目的を活動前に確認する
> ❷図表にまとめることで問題が解決し，説明できる

　図表にまとめる目的は，それまで見えていなかった相互関係や特色などが見えるようになることです。つまり，図表が学習問題を解決するための糸口になるイメージです。図表に表すことが目的ではないのです。

❶用いる図表の特徴と作成目的を活動前に確認する

　第3学年の地域の安全を守る働きでは，火災の発生件数を折れ線グラフで表すことで推移がわかりやすくなりますが，市内のどの辺りで火災が多く発生しているのかはわかりません。図表（グラフや表，思考ツールなど）にまとめる目的は，社会的事象に関する情報を整理することです。グラフや表は基礎的な資料を作成することが目的で，そこから特色や意味を考える活動につなげるのです。思考ツールも情報の整理・分析するための「ツール」でしかありません。比較する，分類する，多面的にみる，関係付けるなどの思考過程を可視化し，それを基に話し合ったり，問題を解決したりするのが本来の活用目的です。例えば，ベン図を用いて比較させたい時は，「AとBにはどんな違い（共通点）があるのだろう」という発問が必要です。

②図表にまとめることで問題が解決し，説明できる

　思考ツールや図表にまとめることを通して，問題をより明確に解決できるのが理想です。教師が思考ツールを画一的に与えるのではなく，どのツールを選択するかは児童に委ねるべきですが，これは経験の積み重ねが必要です。例えば，「ごみ問題はわたしたちのくらしとどのような関わりがあるのだろう？」という前振りをした上で関連付けるコンセプトマップにまとめることが大切です（下図参照）。そして，それを基に，一人ひとりが問題の解決に迫るような考えを導き出し，説明ができることをめざします。

【事例】第４学年　○人々の健康や生活環境を支える事業
　ごみ調べや清掃工場見学など，毎時間，焦点化して活動したごみの学習。ノートには学習してきたことがたくさん書かれています。ごみ問題を考える上でかかせないこと（キーワード）を付箋に書き出し，それらの関係について言葉で説明を書き込むことで，自分たちの生活と学習とのつながりを見出します。そして，これを基に話し合いが始まります。

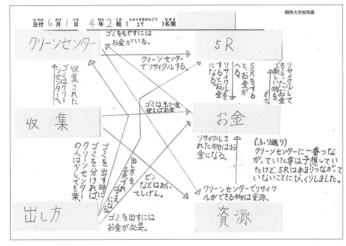

（石井　芳生）

まとめる活動（表　現）

文章にまとめるスキル

POINT
❶一人ひとりの考えを文章化して引き出す手立てを講じる
❷何について文章化するのかを明確に指示する

　社会科においても言語活動の充実は日々の重要課題です。なぜなら，社会科は知識をたくわえる暗記教科ではないからです。学んだことから，社会の一員として自分の考えをもつことが重要なのです。そのためには，日頃から自分の考えを文章化する習慣を身に付ける必要があります。

①一人ひとりの考えを文章化して引き出す手立てを講じる

　授業の最後に，感想を書かせたり，発言させたりすることが多いでしょう。1時間の学習を終えたのですから，なんらかの手段で本時を振り返っての考えを明らかにする必要はあります。しかし，気が付けば終業時刻間際ということはないでしょうか。そこで，授業の合間で自分の考えをメモしておくような習慣付けをしておくことが有効です。例えば，導入で共通資料を提示した時，吹き出しなどで自由に考えを書いておくのです。

　授業中に全員が発言する時間の保証はできなくても，文章化しておくと，授業後にノートを見れば，教師は一人ひとりの考えを知り，評価もできます。それ以上に大切なことは，子ども一人ひとりが自分の考えを文章化することで，考えを整理できることです。得た知識を基に，自分の生活とつなげて概念化することが期待できます。もちろん，これらは社会科だけでなく，国語

などとの教科横断的な日々の鍛えが必要です。

【事例】第3学年　○地域の安全を守る働き

各交番には，大阪府下の交通事故件数（累積数含む）が掲げられています。導入のこの資料を基に本時の授業を進めていく時，この段階で，初発の感想を書かせておくのです。

提示した資料や吹き出しに書いた文言が後に，文章にする時のキーワードになります。

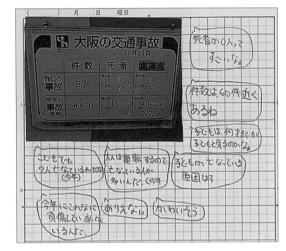

②何について文章化するのかを明確に指示する

授業終末に，何を文章にまとめるかは，教師に委ねられています。だからこそ，何でもよいのではなく，①学習問題について調べてわかったことなのか，②学習状況を振り返って考えたことなのかを明確に指示すべきなのです。②には感想も含むことを認める場合もあります。

「～について振り返ってみよう」の一言を忘れないことが大切です。文章化したもののうち，優れたものは，次時の始めに紹介したり，廊下の掲示ボードに貼り出したりして，どのようなものが適しているのか共有します。

（石井　芳生）

40 新聞にまとめるスキル

まとめる活動（表現）

POINT
① 読者となる対象を決めて，新聞づくりの必然性を感じ取らせる
② 「新聞」という性質を踏まえ，新しいことを伝える

　新聞は人に読んでもらうことが大前提ですから，自分の学習のまとめでありながら，誰に向けての新聞づくりなのか，何を伝えたいのかを子どもたちと共有して，完成までその意識を継続することが大切です。

① 読者となる対象を決めて，新聞づくりの必然性を感じ取らせる

　学んだことを新聞にまとめながら，読者を意識して，内容を構成するのは簡単なことではなく，新聞づくりの経験を積んだり，優れた作品に触れたりすることで力が付いていきます。例えば，第4学年の子どもたちが，第3学年の子どもたちに，自分たちの○○新聞を読んでもらうとなれば，否が応でも力が入ります。ただし，意欲だけでは社会科新聞にはなりません。自分自身が①生活とつながりを感じたことや，②事象の背景で驚いたことなどを中心にして内容を組み立てるよう支援します。紙面の内容を構成する上で最も有効なのが，それまでのメモや感想が残っているノートです。それらを想起することで自分の考えが再構築できます。コンピュータで作成する場合は，見学時に撮影したデジタル画像が有効です。メモや感想，デジタル画像は新聞作成の有無に関わらず，日頃から記録を残していくことが大切です。

②「新聞」という性質を踏まえ，新しいことを伝える

　市販の新聞であれば，読みたい紙面を選択して読みますが，社会科新聞は，一面全てが読む対象になるので，とっておきのニュースを集約して伝える意識が大切です。また，「編集後記」欄などを設けて自分の思いを記すことで社会科学習としての価値が加わります。

第4学年児童がまとめた新聞（手書き作品とコンピュータ作品）

（石井　芳生）

振り返り

41 今日，学んだことを振り返るスキル

POINT
❶振り返りは，「私は」を主語にする
❷学んだことを共通確認し，振り返りを方向付ける
❸教師の指示や発問で，振り返りを方向付ける

①振り返りは，「私は」を主語にする

　振り返りの活動は，1時間の学習の流れでいうと，「まとめる」の段階に位置付けられます。その際，学級のまとめと振り返りを分けて考えることがポイントです。学級のまとめは，教師が適切に入りながら本時で学んだことを学級で共通確認します。振り返りは，今日みんなで学んだことを捉え直し，自分の言葉でまとめます。つまり，振り返りは一人ひとりが行う学習活動です。

　子どもには，今日学んだことに対し，自分の言葉で表現したり，考えたことや疑問に思ったことを書いたりするよう働きかけます。

　ノートに書かれた振り返りは，一人ひとり異なるものになります。内容がどの程度理解できているかなど学習状況を評価することができます。

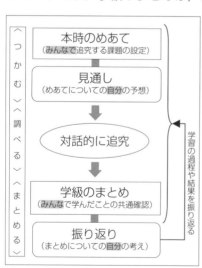

❷学んだことを共通確認し，振り返りを方向付ける

　振り返りは一人ひとりの学習活動ですが，個々の内容は本時の目標に沿ったものである必要があります。そのため，振り返りの活動の前にみんなで学んだことを共通確認し，本時の目標に向けて振り返りを方向付けます。

　例えば，みんなで話し合って導き出したいわゆる概念的な知識を教師がキーワードや短文で黒板に示す，板書された言葉の中でポイントとなるものを教師が黄色チョークで囲むというように，学級のまとめとして共通確認をします。子どもは，これを踏まえて本時の学習の過程や結果を振り返ります。

【振り返り例】「山車とかおはやしとか，川越まつりになくてはならないものを守るため，町の人や職人さんや大工さんなど多くの人が協力している。多くの人の支えがないと，祭りができないと思った」

「何のために町の人々がさまざまな取り組みをしているかが分かったね。では，町の人が川越まつりにどのように関わっているかを振り返って，自分の言葉でまとめましょう」

❸教師の指示や発問で，振り返りを方向付ける

　学級のまとめとして共通確認をした後，振り返りの視点を明確にする指示や発問を行うと，子どもは自分の言葉で記述できるようになります。上記の例では，川越まつりと町の人々の関わり方を捉えることが目標であるため，子どもが改めてそこに着目で

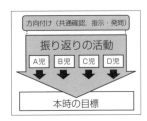

きるような働きかけをしています。振り返りの方向を明確にし，その中で子どもが今日学んだことを振り返るようにすることで，一人ひとりが目標に到達する状況をつくることが大切です。

（岡田　大助）

振り返り

授業の始めのころの自分の予想や考えを振り返るスキル

POINT
❶考えの変容に着目して，振り返るようにする
❷「かいてみよう！」で，変容を捉えやすくする

①考えの変容に着目して，振り返るようにする

　振り返りは，学んだことを自覚し学習内容を定着させる働きがあります。ここでは，授業始めの予想や考えと学級のまとめを比べ，自分の考えの変容に着目して振り返ることで，この時間で何を学んだのかを自覚できるようにすることがポイントです。

　そのためには，予想だけでなく，提示された資料への素朴な疑問などもノートに書かせることが重要です。書き留めておくことで，振り返りの際に学級のまとめと比べることができます。教師としては，授業のゴールから逆算し，振り返りの対象となる子どもの考えを授業の始めに引き出しておきます。

　教師の働きかけと子どもの振り返りの書きぶりは，次のようになります。

・教　師：自分の考えはどのように変わり，何を学びましたか。
・教　師：話合いの前後で自分の考えはどのように変わり何を学びましたか。
・子ども：はじめは〜と思っていたけど，〜ということに気付きました。
・子ども：予想では〜と考えたけど，みんなで学習して〜ということがわかりました。私は〜と考えが変わりました。

---

②「かいてみよう！」で，変容を捉えやすくする

　自分がわかったつもりでいたことが自覚できると，追究意欲が高まります。最初に自分の理解の程度を知ることは重要です。例えば「日本をかいてみよう」と投げかけると，うまくかけない子どももいるかもしれません。その後，日本とはどこを指すのかを調べますが，国土の位置や構成，さらに東西南北の端の島など領土の範囲に関する知識も学び，我が国の国土に対する認識が変わります。その際，最初にかいた日本の略図と学級で調べたことを比べた時に，その差が明確になるため，自分が何を学んだかがはっきりと自覚できます。それを自分の言葉で表現することが大切です。

　次の例は，単元のはじめに，水道水がどこからどのように来るかを「かいてみよう！」と投げかけたものです。この児童は水道水が川から来ること，どこかで水をきれいにすることは認識しているようですが，不十分な点やあいまいな点が多くあります。この後，学級で水道水を供給する仕組みについて追究する中で，最初に書いた図に示された知識が更新されていきます。

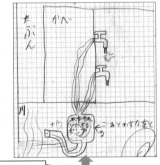

　教師は「最初に書いた自分の図と比べて，どのようなことを学びましたか」と問いかけました。

最初の自分の考えと比べて振り返る

それに対し，子どもは「最初は１つの川から来ると思っていたけど，２つの水源地から来ることがわかった。また，ごみの学習の時のように，他県の協力があることもわかった」とまとめました。変容に着目したからこそ，自分の知識の更新を自覚できたといえます。

（岡田　大助）

振り返り

43 調べたり話し合ったりした学習活動を振り返るスキル

POINT
❶学習活動のよさに着目して，振り返るようにする
❷線分図で話し合い前後の考えを可視化し，そのよさを捉える

①学習活動のよさに着目して，振り返るようにする

　子どもが授業で学ぶ内容は，深い理解に基づく知識だけでなく，その獲得を実現するための学び方も含まれます。ここでは，その学習活動が自分にとってどのようなよさがあったのかということに着目して振り返ることで，活動を自らの学びとして自覚できるようにすることがポイントです。

　その際，教師としては，学習活動のよさを明確にしておくこと，そして子どもが活動の中でそのよさを実感できるような授業が不可欠です。例えば，スーパーマーケットの学習では，予想や計画を立てて見学に臨みます。見学後，次のように働きかけ，見学の見通しをもつ活動についても振り返ります。

・教　師：予想や計画をもって見学したからこそ感じたよさは何ですか。
・子ども：見学で必要なことを，迷わずにたくさん見たり聞いたりすることができたことが，よかったことです。

　このように，問題解決に必要な情報を集められるというよさを子どもなりに自覚できると次に見学を行う際にこの学び方を生かすことができます。教師が振り返りを紹介してその活動のよさを広めることも考えられます。

次の例は，立体地図を読み取る活動場面です。学級のまとめ「埼玉県は東に低地があり，西に山地が広がっている」の後，その資料を活用するよさに着目して振り返りをします。

> ・教　師：立体地図を使ったからこそ，わかったことは何ですか。
> ・子ども：立体地図を使うと，盆地が山に囲まれている様子がよくわかった。山地や低地の高さのちがいもよくわかった。

立体地図はそう何度も出てくる資料ではありませんので，活用場面ではその振り返りを設定するとよいでしょう。いつも同じパターンで振り返りを行うのではなく，学習内容・活動に応じて意図的・計画的に振り返りを設定することが大切です。

② 線分図で話し合い前後の考えを可視化し，そのよさを捉える

話し合いの活動は，自分の考えを広げ，深めるところにそのよさがあります。この例では，貿易摩擦を取り上げ，学級での話し合いの前後に自分の立場を記述させています。判断を変えた子もいれば，「やはり私は……」と判断を変えなかった子もいます。ただ，話し合いを通して自分の判断の根拠は強化されます。

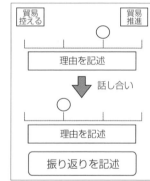

振り返りでは，話し合う活動のよさについて問いかけ，「今日は貿易摩擦の資料や友達の考えを聞き，自分の今までの考えから変わり，新しいことを思いついた。みんなに納得してもらえてよかった」といった反応を引き出しました。話し合いによって自分の考えがよりよく変容したという体験を，振り返りの活動で言語化し，自覚できるようにすることが大切です。

（岡田　大助）

振り返り

単元の学習問題を振り返るスキル

> **POINT**
> ❶社会的事象の特色や意味に着目して，振り返るようにする
> ❷単元の全体像を「見える化」して，振り返るようにする

① 社会的事象の特色や意味に着目して，振り返るようにする

　単元のまとめの段階では，学習問題に対する自分の考えを導き出します。単元の問いに対する自分なりの答えを表現する場面といえます。そのため，学習問題に立ち返り，単元を通した追究を振り返ります。

　その際，それまでに調べた事実をつなげるだけでは，求める答えはなかなか得られません。ここでは社会的事象の特色や意味に着目して振り返ることがポイントとなります。具体的には，次のような問いかけが考えられます。

・〇〇県は，どのようなところと言えるかな。
・どうして町の人々は，わざわざこのようなことをしているのかな。
・織田信長と豊臣秀吉は，戦のない世の中の実現に，どのような役割を果たしたと言えるかな。

　子どもが特色や意味といった視点で調べてきた事実を振り返ることができるよう，教師が働きかけることが大切です。多くの場合，その時間全体を使って単元を振り返りますが，それまで追究したことをなぞるだけの時間では

なく，単元の本質に迫る気付きが得られる時間にしたいものです。

② 単元の全体像を「見える化」して，振り返るようにする

　単元の全体像が捉えられると，学習問題の設定からこれまでの追究を振り返ることができます。そこで，黒板などを用い，図で「見える化」します。その際，社会的事象の見方・考え方が働く図の工夫が求められます。

　この例では，関係機関を線で結び「事象や人々との相互関係」に着目できるようにしています。学習問題「火事が起きた時に，どのような人々がどのような働きをしているのか」を確認して図にまとめます。指令室と関係機関を

線で結んだ時に，教師が「何のために協力しているの？」と問いかけ，「働き」の中身を話し合い，共通理解を図ります。最後に，「どのような働きか」を子どもが自分の言葉でまとめるようにします。子どもからは「いつでもすばやく火を消す働き」「被害が広がらないような働き」等の記述が見られました。

　次の例は，調べたことを時系列で整理し「時期や時間の経過」に着目できるようにしています。学習問題「川越の人々は，どのよう

にして川越まつりを370年間も続けてきたのだろう」を確認して図にまとめます。その中で子どもたちは，神輿やまつりの形式等の保存・継承だけでなく，まつりを受けついでいこうとする人々の願いが，370年もの間つながっていることに気付きます。「大切なおまつりだから，ずっと守り続けたい。その思いは昔からずっと続いている」という振り返りの記述は，単元の目標に到達した子どもの姿を示しているといえます。

（岡田　大助）

振り返り

社会の在り方や自分の生活の仕方などを振り返るスキル

POINT
❶社会に見られる課題に着目して、振り返るようにする
❷社会的事象と自分とのつながりに着目して、振り返るようにする

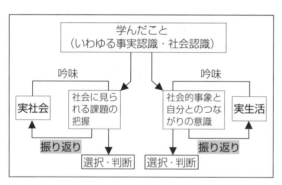

㊶～㊹では、1時間や単元の学習の過程や成果を振り返りの対象としてきましたが、ここでは、社会の在り方や自分の生活の仕方を振り返ります。その目的は、社会の現状を捉えた上で、よりよい社会の形成に向けて、社会への関わり方を選択・判断することにあります。事実認識・社会認識を通して学んだことを実社会や実生活に生かす学習と言えます。以下、その際の振り返りのポイントについて述べていきます。

①社会に見られる課題に着目して、振り返るようにする

　ここでは学んだことを実社会に生かす学習を取り上げます。その際、社会に見られる課題を明確にし、その視点で社会の在り方を振り返ります。
　例えば水の学習では、子どもたちが水道事業について私たちの健康な生活を支えていることを理解した上で、水の有限性と節水の重要性に気付き、水の使い方を見直し、いかに有効に活用するかという課題を見出していきます。

教師からは,「水を大切にする社会にするには,どうしたらよいかな」と問いかけ,現在取り組まれている事例を調べる活動に入っていきます。
　ここで注意したいのは,何もないところから子どもに解決策を考えさせることは難しいことです。現在行われている,未来につながる具体的な事例を基に,社会の在り方を振り返ることが重要です。その中から子どもたちは,水を有効活用する社会の実現に重要と思われることを選択・判断していきます。

② 社会的事象と自分とのつながりに着目して,振り返るようにする

　次に,学んだことを実生活に生かす学習を取り上げます。その際,社会的事象と自分とのつながりを意識して,自分の生活の仕方を振り返ります。
　例えば,火事からまちの安全を守る仕組みを学習した時,自分自身も,その仕組みに関わっていることに気付きます。これを踏まえて,教師は「自分(たち)にできることは何かな」と問いかけます。

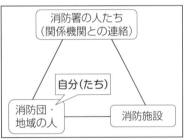

　注意したいのは,ここでの「自分(たち)」は,地域社会の一員としての自分(たち)ということです。火事からまちを守る仕組みの中で,自分(たち)に何ができるかという視点で,生活の仕方を振り返るようにすることが重要です。「消防署や消防団の方が火事の防止を呼びかけているので,私たちも気を付ければ火事を防げる」「自治会の消火訓練に参加し,いざという時に協力できるようにすれば,火事を早く消せるし,被害が広がらずにすむ」このように,学んだことと結び付け,地域社会の一員として何ができるかを考える子どもの姿が期待されます。
　社会の在り方や自分の生活の仕方を振り返り,社会への関わり方を選択・判断する活動は,現実社会の課題の解決に向け,学んだことを生かしながら,発達段階に応じた,子どもなりの考えが引き出せるようにしたいものです。

(岡田　大助)

学習評価

学習評価の基本的な考え方を捉えるスキル

POINT
❶「児童の学習改善」と「教師の指導改善」
❷目標に準拠した3観点による観点別学習状況評価

①「児童の学習改善」と「教師の指導改善」

　中央教育審議会答申（平成28年12月）では，評価の意義として，「子供たちの学習の成果を的確に捉え，教員が指導の改善を図るとともに，子供たち自身が自らの学びを振り返って次の学びに向かうことができるようにするためには，学習評価の在り方が極めて重要」であるとしています。また，「児童生徒の学習評価の在り方について（報告）」（平成31年1月）では，「児童生徒一人一人の学習の成立を促すための評価という視点を一層重視することによって，教師が自らの指導のねらいに応じて授業の中での児童生徒の学びを振り返り学習や指導の改善に生かしていくというサイクルが大切である。」と指導と評価の一体化を図るように述べています。さらに，学習評価の在り方として以下のように整理しています。
　① 児童生徒の学習改善につながるものにしていくこと
　② 教師の指導改善につながるものにしていくこと
　③ これまで慣行として行われてきたことでも，必要性・妥当性が認められないものは見直していくこと
　以上のことからも，学習評価には「児童の学習改善」と「教師の指導改善」の2つの意義があることがわかります。

❷目標に準拠した3観点による観点別学習状況評価

　学習評価の基本的な枠組みとして,「児童生徒の学習評価の在り方について（報告）」（平成31年1月）では,

> 　現在,各教科の評価については,学習状況を分析的に捉える「観点別学習状況の評価」と,これらを総括的に捉える「評定」の両方について,学習指導要領に定める目標に準拠した評価として実施するものとされており,観点別学習状況の評価や評定には示しきれない児童生徒一人一人のよい点や可能性,進歩の状況については,「個人内評価」として実施するものとされている。

と示されています。さらに,今回の学習指導要領が各教科の目標や内容を「知識及び技能」「思考力,判断力,表現力等」「学びに向かう力,人間性等」の資質・能力の3つの柱で整理されていることを基に,観点別評価の観点を以下の3観点に整理しています。

　「知識・技能」「思考・判断・表現」「主体的に学習に取り組む態度」

　ここで留意する点としては,資質・能力の柱である「学びに向かう力,人間性等」と「主体的に学習に取り組む態度」の関係です。「学びに向かう力,人間性等」には,「主体的に学習に取り組む態度」として観点別評価（学習状況を分析的に捉える）を通じて見取ることができる部分と,観点別評価や評定にはなじまず,こうした評価では示しきれないことから個人内評価（個人のよい点や可能性,進歩の状況について評価する）を通じて見取る部分があることです。そこで,観点別評価の観点としては,見取ることができる「主体的に学習に取り組む態度」が設定されています。また,観点ごとの評価の段階及び表示の方法については,現行と同様に3段階（ＡＢＣ）で評価することが適当と述べられています。

（小倉　勝登）

学習評価

「知識・技能」に関する評価スキル

POINT
❶ 何を評価するのか明確にする
❷ 具体的な評価方法を考える

①何を評価するのか明確にする

> 「知識・技能」の評価は，各教科等における学習の過程を通した知識及び技能の習得状況について評価を行うとともに，それらを既有の知識及び技能と関連付けたり活用したりする中で，他の学習や生活の場面でも活用できる程度に概念等を理解したり，技能を習得したりしているかについて評価するものである。
>
> 文部科学省：児童生徒の学習評価の在り方について（報告）より

子どもが獲得する知識とは，以下のものが考えられます。
・用語など覚えるべき基礎的な知識
・資料など調べてわかる社会的事象の様子についての具体的な知識
・調べたことを基にして考えてわかる，汎用性のある概念的な知識
　子どもが身に付ける技能とは，具体的には
・調査活動や諸資料の活用など手段を考えて問題解決に必要な社会的事象に関する情報を集める技能
・集めた情報を「社会的事象の見方・考え方」に沿って読み取る技能

・読み取った情報を問題解決に沿ってまとめる技能

などであると考えられます。そして，この技能は，内容に応じて繰り返し身に付けるように示されています。

②具体的な評価方法を考える

具体的な評価方法としては，多様な方法を適切に取り入れていくことが考えられます。まずは，習得すべき知識や理解すべき概念を明確にするところから始め，何をどんな方法で見取るのかを考えます。いくつか例示すると，

「どんな方法」で…（何を）見取るのか

「ペーパーテスト」…用語などの理解。　　　　　　　　　　　　　（基礎的な知識）
　　　　　　　　　社会的事象の意味の理解。　　　　　　　　　　（概念的な知識）

「ワークシート」…用語などの理解。　　　　　　　　　　　　　　（基礎的な知識）
　　　　　　　　調べてわかったこと。　　　　　　　　　　　　　（具体的な知識）
　　　　　　　　調べてわかったことを関連付けたり，
　　　　　　　　まとめたりして考えたこと。　　　　　　　　　　（概念的な知識）

「ノート」…調べてわかったこと。　　　　　　　　　　　　　　　（具体的な知識）
　　　　　調べてわかったことを関連付けて考えたこと。　　　　　（概念的な知識）

「発　言」…調べてわかったこと。　　　　　　　　　　　　　　　（具体的な知識）
　　　　　関連付けたり，まとめたりして考えたこと。　　　　　　（概念的な知識）

「観　察」…見学や調査等で必要な情報を集めていること。　　（情報を集める技能）

「資料を基にした発言や記述」
　　　　…資料から傾向や意味，特色などを読み取っていること。（読み取る技能）
　　　　　複数資料を比較・関連付けして読み取っていること。　（読み取る技能）

「作　品」…整理して文章や図などで考えをまとめていること。　（まとめる技能）

（小倉　勝登）

学習評価

「思考・判断・表現」に関する評価スキル

POINT
❶ 何を評価するのか明確にする
❷ 具体的な評価方法を考える

①何を評価するのか明確にする

> 「思考・判断・表現」の評価は，各教科等の知識及び技能を活用して課題を解決する等のために必要な思考力，判断力，表現力等を身に付けているかどうかを評価するものである。
>
> 文部科学省：児童生徒の学習評価の在り方について（報告）より

社会科を通して，子どもたちが身に付ける思考力・判断力・表現力は，以下の通りです。

・社会的事象の特色や相互の関連，意味を多角的に考える力
・社会に見られる課題を把握して，その解決に向けて社会への関わり方を選択・判断する力
・考えたことや選択・判断したことを適切に表現する力

②具体的な評価方法を考える

「児童生徒の学習評価の在り方について（報告）」（文部科学省）では，具体的な評価方法として，「ペーパーテストのみならず，論述やレポートの作

成，発表，グループでの話合い，作品の制作や表現等の多様な活動を取り入れたり，それらを集めたポートフォリオを活用したりするなど評価方法を工夫すること」や「学習過程の違いに留意すること」が考えられるとされています。

　これを踏まえて「思考・判断・表現」の評価のポイントを以下に示します。
① 言語活動を通して，「思考・判断」と「表現」を一体として評価する
　実際の授業場面を考えてみると，社会的事象について考えたことや選択・判断したことは，説明したり，議論したり，文章でまとめたりするなど，「話す」「書く」といった言語活動を通して表現されることが多いものです。また，考えたことを言葉や文章などで説明したり，議論したりすることを基に評価すると考えると，自分の考えをまとめ記述したノートやワークシート，関係図，白地図や年表などにまとめた作品，話し合い場面での発言などを材料（評価資料）として評価することになります。
② 評価場面を焦点化する
　小学校学習指導要領解説総則編（平成29年7月文部科学省 P.37）の「学習過程の違いに留意することが重要である」との指摘も受け，子どもたちが考えている場面をあれもこれも評価するのではなく，問題解決的な学習過程に沿って評価場面を決めて評価する方が現実的です。例えば，問題を見出し，解決の見通しを立てる場面や自分の考えを説明したり議論したりするなど対話的な活動を通して社会的事象の特色や相互の関連，意味などを多角的に考えている場面，社会に見られる課題を捉え，学習したことを基に「自分ができること」や「これからの地域や社会などの発展について自分の考え」をまとめている場面など，評価場面を設定をして，見取ることが考えられます。
③ 「適切に表現」していることを評価する
　学習のまとめ（成果）は，作品の丁寧さや細かさ，記述量などのできばえで評価するものではありません。表現の内容を基に評価するものです。説明記述などの中から自分の考えとその根拠，解釈やその根拠などの視点から「適切な表現」かを見取り評価することになります。

（小倉　勝登）

学習評価

「主体的に学習に取り組む態度」に関する評価スキル

POINT
❶ 何を評価するのか明確にする
❷ 具体的な評価方法を考える

①何を評価するのか明確にする

> 「主体的に学習に取り組む態度」の評価に際しては，単に継続的な行動や積極的な発言等を行うなど，性格や行動面の傾向を評価するということではなく，各教科等の「主体的に学習に取り組む態度」に係る評価の観点の趣旨に照らして，知識及び技能を獲得したり，思考力，判断力，表現力等を身に付けたりするために，自らの学習状況を把握し，学習の進め方について試行錯誤するなど自らの学習を調整しながら，学ぼうとしているかどうかという意思的な側面を評価することが重要である。
> 　　　　　　文部科学省：児童生徒の学習評価の在り方について（報告）より

「主体的に学習に取り組む態度」の評価に関しては，「児童生徒の学習評価の在り方について（報告）」（文部科学省）では，以下の示す２つの側面から評価することが求められています。

①　知識及び技能を獲得したり，思考力，判断力，表現力等を身に付けたりすることに向けた粘り強い取組を行おうとする側面

②　①の粘り強い取組を行う中で，自らの学習を調整しようとする側面

また，社会科の目標に基づいて考えると，全体目標では，「よりよい社会を考え主体的に問題解決しようとする態度」と示され，第3学年から第6学年までの学年目標では，「社会的事象について，主体的に学習の問題を解決しようとする態度」「よりよい社会を考え学習したことを社会生活に生かそうとする態度」と示されています。

　この「社会的事象について，主体的に学習の問題を解決しようとする態度」「よりよい社会を考え学習したことを社会生活に生かそうとする態度」の2つの態度について「粘り強い取組を行おうとする」「自ら学習を調整しようとする」2つの側面を組合せて評価していくことになります。

②具体的な評価方法を考える

　「主体的に学習に取り組む態度」の具体的な評価方法としては，「児童生徒の学習評価の在り方について（報告）」（文部科学省）では，考慮する材料の一つとして用いることが考えられるものとして，

　　・ノートやレポート等における記述　　　・教師による行動観察
　　・授業中の発言　　・児童生徒による自己評価や相互評価等の状況

などをあげています。これらの中から，評価方法を選択し，実際の単元の中で，具体的に評価方法を工夫して見取っていく必要があります。特に，子ども自身が学びを振り返り，成果や課題を確認できる自己評価の方法については，方法や場面を十分に工夫することが重要になります。

　また，その評価の際には，
・児童生徒の発達段階や一人ひとりの個性を十分に考慮すること
・「知識・技能」や「思考・判断・表現」の観点の状況を踏まえること
と配慮することが示され，つまり，

　「例えば，ノートにおける特定の記述などを取り出して，他の観点から切り離して評価することは適切ではないことに留意する必要がある」ことも示されています。

（小倉　勝登）

学習評価

学習評価の進め方のスキル

> **POINT**
> ❶評価規準を設定する
> ❷指導と評価の計画を作成する

①評価規準を設定する

　評価規準を設定するためには、いくつかのステップを踏む必要があります。あくまでも「目標に準拠した評価」ですから、まずは、学習指導要領の各学年の目標と内容、子どもの実態等を踏まえて、
① 単元の目標を設定する
　次に、教科目標を踏まえて文部科学省や国立教育政策研究所から示されている社会科全体や各学年の「評価の観点及びその趣旨」を読み、
② 評価の観点及びその趣旨を確認し、理解する
　その上で、内容の分析を行い、学習指導要領の内容で示されているうち、「知識・技能」に関しては、ア(ア)「知識に関するもの」、ア(イ)「技能に関するもの」を、「思考・判断・表現」に関しては、イ「思考力、判断力、表現力等に関するもの」を踏まえて検討する必要があります。また、「主体的に学習に取り組む態度」に関しては、学年目標(3)を受けた学年の観点の趣旨を踏まえて検討し、設定することが考えられます。この検討を経て、
③ 内容のまとまりごと（単元）の評価規準を設定する
　以上のようなステップで評価規準を設定していくとよいでしょう。細かすぎる評価規準は負担感が増し、現実的ではないので注意しましょう。

②指導と評価の計画を作成する

　評価規準を作成したら，次に実際に評価ができるようにする手続きが必要になります。評価規準だけではなく，具体的な評価方法を考え，どの場面で評価を行うのか，指導計画に位置付けていきます。作成した各観点の評価規準を指導のねらいや学習活動に関連させて，指導計画上に位置付けていくわけです。これが，指導と評価の計画を作成する，ということです。

　指導と評価の計画を作成する際に留意することは，
・単元全体を通して，各観点の評価規準を場面を決めて，バランスよく位置付け，単元全体を通して全ての観点からの評価が行えるようにすること。
・毎時間3観点全てを位置付ける必要はないこと。
・何（記述，作品，活動など）を基にして，どの観点で評価するのか，評価場面，評価資料，評価のめやすなどを書いておくとよいこと。

　例えば，「災害から命やくらしを守るためのはたらきについて，関係図にまとめる」が評価場面，「公助・共助・自助を線で結び，関係性や重要性を図と言葉でまとめた防災関係図」が評価資料，「これまでの学習を基に，関係諸機関や地域の連携協力やそれぞれの防災の役割についての全体像を図と言葉でまとめられているか」（技能）「これまでの学習を基に，関係諸機関や地域の連携協力やそれぞれの防災の役割について理解しているか」（知識）これが評価のめやす，ということになります。

○評価資料を効果的・効率的に集めること

　「児童生徒の学習評価の在り方について（報告）」（文部科学省）の中で，学習評価について「教師が評価のための『記録』に労力を割かれ，指導に注力できない」という課題が指摘されています。評価資料の収集に追われることのないよう学習の場面を焦点化して設定することが考えられます。例えば，学習したことをノートやワークシートに記述する場面や作品などにまとめを表す場面などが考えられます。子どもたち自身による振り返りの記録も大切な評価資料と考えられます。

（小倉　勝登）

51 どの子もノートがとれるノート指導のスキル

ノート・ワークシート

POINT
1. ノートをつくるのが好きになる前提条件づくり
2. ノートへの記述を意識した板書づくり

① ノートをつくるのが好きになる前提条件づくり

　ノートを書くことが苦手な子どもには以下のような理由が考えられます。
「何を書けばよいかわからない」「間違ったことは書いてはいけない」「書いている間に授業が進んでしまう」「雑然としていて読み返すことが難しい」
　そのためには，書くことが好きになる前提条件を揃えることが大切です。

ルール①　ノートをつくる意味を伝える

　ノートは正しい知識を書きとめるだけでなく，学習対象に対して自分が何を考えたかを書き残していくことに意義があります。目指すのはみんなが同じノートではなく，世界に一つしかないノートです。教師がその子らしい思考を評価することで，子どもにノートづくりの目標を示すことができます。

ルール②　書く時間を保障する

　「書いている間に授業が進んでしまう」ことのないように，板書を写す際には，教師が書きながら内容を読み上げると，教師と同時に書き終えることができます。また自分の考えを書く際には，吹き出しや記述していたことに下線を引くなどして，短い時間で記述できるようにします。

ルール③　ノートを整理するルールをつくる

　ノートに残した記述は，その後の学習の宝となります。ただ，雑然として

いると後から取り出すことが困難です。

　そのためには，①日付を入れる，②左端に線を引き，思考過程を記述する③学習問題を囲むなど，ルールを決めておくと，どの子のノートも一定整理されてきます。

❷ノートへの記述を意識した板書づくり

　どの子もノートをとることができるもう一つのポイントは，ノートと連動する板書をつくることです。そのためには，「何を書くのか」と「どのように書くのか」をあらかじめ考えておく必要があります。

　「何を書くのか」については，子どもの発言をそのまま書くのではなく，できるだけ短い言葉で書きます。構造的に図式化することも有効です。ノートをとる子どもたちがひたすら文章を書き写すことのないように意識します。

　「どのように書くのか」については，思考過程がわかるように展開を記号化したり，児童のノートと同じ色で囲んだりするなど，児童にとって，見やすくわかりやすい板書を心がけます。

【板書の例】

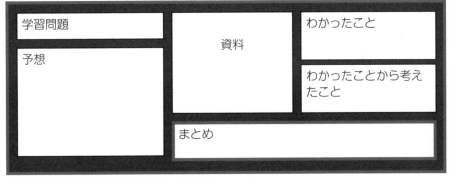

（牧　紀彦）

52 思考過程がわかる ノート指導のスキル

ノート・ワークシート

POINT
❶ノートは思考過程ごとに整理
❷ノートは1時間見開き1ページ

①ノートは思考過程ごとに整理

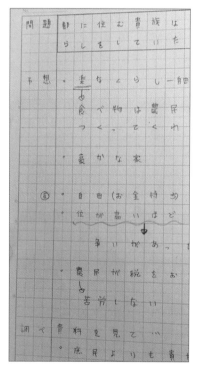

　後で情報を素早く取り出すためには，ノートを見やすく整理しておくことが大切です。左のノートのように，ノートに思考過程を記しておくことによって，1時間の授業の中で自分がどのように思考していったのかがわかりやすくなります。

　社会科において問題解決的に学習を進める際，思考過程はどの授業でもほぼ同じです。ですから「問」「予」「調」などのように，さらに簡略化したルールを共通理解しておくと，ノートへの記入の時間が短縮され，書くのに時間のかかる子どもへの支援にもなります。

　また，このように「思考過程」ごとに整理されているノートは，指導者がノートの記述を評価する際にも，見るポイントがわ

かりやすく，たいへん有効です。

❷ノートは1時間見開き1ページ

　目の前の社会的事象に疑問をもち，今まで自分が培ってきた知識を駆使して予想し，資料を基に調べ，考えたことから認識を深めていく……1時間の授業というドラマの中で，思考はスパイラルしながら成長していきます。

　ノート記述においても，1つのスパイラルを意識します。そのため，見開き1ページの中に納まっていると後で振り返った時もたいへん見やすくなります。なぜなら，後でノートを見返す時には，「調べたことから考えたこと」や「まとめ」，「感想」といった思考過程の情報が必要なはずです。それらの情報がノートの決まった場所にあることで，スムーズに探し出すことができ，今までの学びをより一層活用しようとする子どもが増えるのではないかと思います。

　もちろん見開き1ページには収まりきらない授業もあります。そんな場合は見開き2ページ使うなど，臨機応変に対応したいものです。

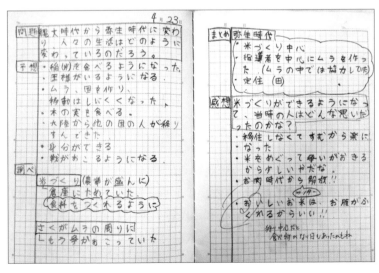

（牧　紀彦）

ノート・ワークシート

53 思考スキルを活用した ノート指導のスキル

POINT
❶図の有効利用で見た目スッキリ
❷最適な思考ツールを活用

❶図の有効利用で見た目スッキリ

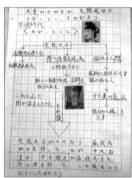

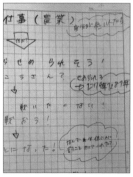

　ノートには，文章で書くことも大切ですが，同じ内容であれば記号などを使って図式化すると，非常に見やすくなります。もっともシンプルなものとしては，「矢印」「線」「吹き出し」などがあります。

　「矢印」は事実の因果関係や時間的な流れを示すのに，簡単でとても使いやすい思考スキルです。

　「線」でつなぐと事実と事実の関連性を示すことができます。事実の位置関係を意識して図式化したり，線の種類を使い分けたりすることで関係性に意味をもたせることができます。

　「吹き出し」は，事実から思ったことや考えたことを書き留めておくことができます。「吹き出し」をたくさん活用していくことで，物事に対して常に自分の考えをもつ習慣が身に付き，見方や考え方を育んでいくことができます。

②最適な思考ツールを活用

さまざまな思考スキルを身に付けるためには，思考ツールは非常に有効な手段となります。思考ツールは，ただ文章で書くよりも，思考の方向性がぶれずに深まるだけでなく，何より子どもの考える意欲の高まりを感じます。しかし，思考ツールを活用するためには，思考ツールのもつ意味を十分に理解し，最適なものを選択しなければなりません。

例えば右図は，歴史の学習の中で度々用いられる思考ツールです。Beforeの状態が〇年後にはAfterになっています。このツールを用いるには，２つの条件が必要です。１つはBeforeとAfterの違いが大きいこと。もう１つはその期間が子どもの想像する以上に短

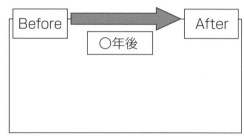

いことです。このような条件にあてはまると，子どもたちは，「この短い期間に一体なにがあったんだ？」「だれが活躍したんだ？」などと疑問に思うに違いありません。つまり，幕末から明治への政変や戦後復興などといった，激動の時代についての学習に向く思考ツールです。

例のように，「時間的な見方や考え方を活用して考えさせたい」とか「多面的な視点で考えさせたい」，あるいは「比較・関連・総合といった思考スキルを使いこなしてほしい」などといった教師のねらいを実現するためには，活用すべき思考スキルに合った最適な思考ツールを選択することが大切です。そのためにも，さまざまな場面で思考ツールを活用し，子どもの思考を育みたいものです。

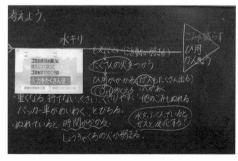

（牧　紀彦）

54 子どもの思考や変容が見られる ワークシート活用スキル

ノート・ワークシート

POINT
❶ワークシートの特性を生かして子どもの思考を捉える
❷記述内容を「Before－After」で比較

①ワークシートの特性を生かして子どもの思考を捉える

　普段ノート指導を行っていても，時にワークシートの方が有効な場面があります。ワークシートには，「書く時間が省略できる」「大きな1枚物の紙面に表現できる」「過去の記述と比較しやすい」などの特性があります。

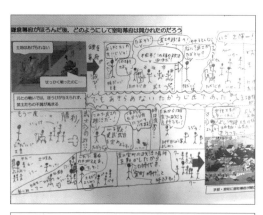

　左のワークシートは学習したことを漫画形式で表現したものです。学んだことを何度もフィードバックしながら，断片的に獲得していた知識をつなげる思考が生まれます。

　また，授業に対するアンケートも子どもの思考を捉えるのに有効です。ワークシート形式にし，同じ質問のアンケートだけを束ねて残しておくことで，子どもの思考の変容を見取ることが容易になります。

②記述内容を「Before－After」で比較

学習指導要領における「思考力」や「判断力」,「学びに向かう力」,「人間性」等の評価は,変容を見取っていくことが重要です。子どもの思考や態度等の変容を捉えるには,一人ひとりの「Before－After」を比較します。

下のアンケートは,学びへの関心・意欲・態度の変容を見取るために歴史単元の最初と最後にとったものです。

この児童は,単元の始めは学びに向かう姿勢が低かったものの,大きな変容が見られました。歴史学習最後の授業でのノート記述においても下のような意見を述べています。

このように,子どもの変容を捉えるためには,到達点である「After」だけでなく,「Before」と比較することが必要であり,その変容を追っていくことが評価につながると考えています。

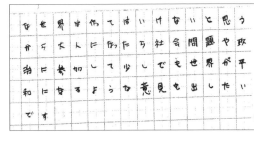

また,ワークシートで変容を見取ることは,教師の授業づくりにおいても有益です。アンケートの結果から気になった児童のノートを見返し,目を輝かせていた授業やつまらなそうにしていた授業など,自らの授業実践を振り返ってみるのも今後のよりよい授業づくりへの一歩となります。

(牧　紀彦)

ノート・ワークシート

子どものノートを充実させる ノート指導のスキル

POINT
❶評価でやる気アップ
❷さらに使いやすいノートを目指して

①評価でやる気アップ

　子どものノートをさらに充実させるためには，子どものやる気を高める仕掛けが必要です。教師が行う記述内容に対する評価はもちろん大切なことですが，いざノートづくりとなると，別の視点からの評価が必要です。

　1つは見た目に関することです。字の丁寧さや色づかい，レイアウトなどを評価すると，見やすいノートが増えてきます。

　2つめは技術に関することです。先述した矢印や吹き出しなどの思考ツールを有効に使っている記述には工夫している旨のコメントを入れます。

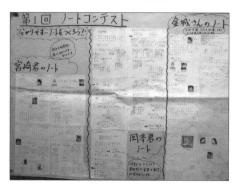

　また，見本となるノートを定期的にクラス全体に掲示するのも効果的です。目標を可視化することで，全体のノートづくりのレベルアップを図ることができます。

　こういった取組を継続的に行うことで，子どものノートづくりのやる気は，どんどん高まっていきます。

②さらに使いやすいノートを目指して

　さらに使いやすいノートをつくるために，2つの工夫について紹介します。

　1つめは資料です。「黒板にはあってもノートにはない」ということをなくすために，授業中に使う資料は，縮小印刷し，ノートに貼ります。折りたたんで貼るとかなりコンパクトになります。

　また，印刷する時はカラーにすることをおすすめします。ノートの出来がよくなるだけでなく，授業中考えたり確かめたりするための手持ち資料としても使いますので，ぜひともカラーにしたいものです。

　2つめはインデックスの活用です。単元ごとにノートにインデックスを貼ります。こうすることで，今までの学習を振り返るための記述内容や資料を探す時間が大幅に削減できます。またそれだけでなく，今まで学習してきた大まかな学習内容については，ノートを広げなくても常に意識することができます。

　こういったノートづくりを子どもと楽しみながら追い求めていくことで，またひとつ社会科を好きな子どもが増えていくことと思います。

　この項では，以上のようなノート・ワークシートに関わるスキルを紹介しましたが，どのスキルにおいても「後で使える」という目的が共通点です。今まで学習してきたことを使って新たな問題を解決していく，問題解決的な学習の重要なツールとして，よりよいノートづくりに取り組んでいければと考えています。

（牧　紀彦）

56 ICTを活用して導入で子どもを引きつけるスキル

ICT

POINT
❶生活経験と学習内容を結び付ける資料提示をする
❷「びっくりさせればよい」提示で終わらない

　授業の導入時にICTを使って子どもを引きつける際には，大きなテレビやプロジェクターを使って，写真や，動画などを提示することが有効です。全員に同じ資料を提示し，子どもとやりとりしながら，本時の本質にかかわるような「問い」をしっかりもたせていくことが大事だからです。ここでは，授業の導入時に子どもを引きつけ，子どもが自ら「問いをもつ」ためのスキルについて例示します。

①生活経験と学習内容を結び付ける資料提示をする

（国土地理院空中写真を一部改変して使用）

　古墳の大きさや大仏の大きさ，出島の大きさなどは，教科書，資料集等に大きさのデータが載っています。しかしながら，子どもたちは多くの場合，それらの大きさを実感的に捉えることができていません。そこで，有効になるのは，自分の生活経験と関わりの大きい校区や，校舎と比べて提示することです。

　大仙古墳の古墳最大長は840mあります。「学校から北風公園までの大きさだ！」「クラスのほとんどの子の家がすっぽり入っちゃう！」などと，

「大きさ」を実感することで、「どのようにしてこんなに大きな古墳をつくったのだろう」という「問い」を子どもが自ら生み出すことができます。そのほか、学級数等の規模にもよりますが、出島の大きさは、校舎とほぼ同じ大きさであり、日本全国の中でこの出島のみに貿易を限定していたことが実感的に捉えられると「どうして家光は、こんなに狭い出島に貿易を限定していたの？」という問いを生むことができるのです。

②「びっくりさせればよい」提示で終わらない

子どもを引きつけること「だけ」を考えていると、何でもかんでも「びっくりさせればよい」と言うような提示になってしまいます。必要なのは、本時のねらいに迫る「問い」をもつことができるような提示のスキルです。ただの「びっくり提示」に陥らないために、導入でのICTを活用した提示では、既習や生活経験との矛盾から、「〇〇なのになぜ？」という問いを引き出すような提示を考えることが大切です。

> 5年水産業　育てる漁業
> 　前時までに鮭を育てるための大変な手間をしっかりと学習しておきます。その上で、「手間暇かけて育てた鮭の稚魚を漁師さんたちはいったいどうすると思うか？」と投げかけ、「鮭の放流の様子」をICTを活用して提示します。
> 　「なぜ、漁師さんたちはこんなに手間暇かけて育てた鮭の稚魚を放流してしまうのか」という本時の「問い」を生むことができるのです。

ICTを活用して導入時で子どもを引きつけるためには、その一時間のねらいをしっかりと教材研究した上で、子どもの思考の中に矛盾や疑問が浮かぶような本時の本質にかかわる資料提示を行うことが大切です。その順番を間違えて、ただの「びっくり提示」にならないようにしていくことが重要です。

（佐野　浩志）

ICT

ICTを活用して調べるスキル

POINT
❶インターネット検索で調べる際のポイント
❷教材研究に有効なサイトを普段から探しておく

①インターネット検索で調べる際のポイント

　単元の中で調べ学習の時間をとって，コンピュータ室で調べ学習をさせたことは誰しもがあることでしょう。しかしながら，目的に即した調べ学習が本当にできたでしょうか。大人でも，短時間でインターネットの検索機能を使って目的の情報にたどり着くのは至難の業です。インターネットの検索機能を使って調べ学習をする際のポイントは以下のとおりです。

①　サイトの一斉送信またはお気に入りへの登録

　教師が教材研究として事前に調べ，教室授業支援ソフトウェア等で子どもたちに一斉に調べ学習に適したサイトのアドレスを送ったり，お気に入りに登録しておいたりすることが有効です。

　例えば5年生の工業の学習では，事前に教師が各自動車会社の「バーチャル工場見学」のサイトを調べ，単元の中で大切にしたい事柄がしっかりと調べることができるものをお気に入りに入れておくことで，スムーズに調べ学習が進められます。単元構成の中で，何を大事にしていくのか，どんなことを子どもたちにつかませたいのか，はっきりさせることで，「何を，どのように調べさせたいのか？」が見えてくるのです。学習の質を高めるべく，少ない時間で効率的に調べるには，何より教師の教材研究が必要となります。

② 検索ワードの使い方を鍛える

　それでも，どうしても子どもたちに調べさせたいことがあるかもしれません。その場合には，「検索ワード」の使い方を社会科のみならず，さまざまな教科で鍛えておく必要があります。先ほどの工業の学習の例でいうと，「自動車□工場」（□はスペース）と入れる場合と，「自動車□作り方」と入れる場合では全く検索結果が異なります。この場合は，「自動車□作り方」と入れると各社の「バーチャル工場見学」のサイトが比較的上位に出てくることがわかります。

　また，子ども向けの検索エンジン（キッズgooやYahoo！きっず等）を使うことで，より検索が容易になります。少しでも効果的，効率的に調べられるようにすべきだと思います。

②教材研究に有効なサイトを普段から探しておく

　各自治体の公文書館やデジタルライブラリなどは，地域の歴史や町の様子の移り変わりなどを調べる際には大変有効です。また，各大学にも，デジタルライブラリ，デジタルアーカイブを整備しているところが数多くあります。

　自治体の公文書館は使用申請を出せば，かなり自由に使えるものも多いため，普段から教材研究に有効なWEBページを探しておくことは大切です。

　中には，条件さえ満たせば，札幌観光写真ライブラリーのように，使用にあたっての申請や，クレジット表記が必要ないものもあります。ぜひ，普段からアンテナを高くしてください。

札幌公文書館

札幌観光写真ライブラリー

（佐野　浩志）

58 ICTを活用して学びを深めるスキル

ICT

POINT
❶ 角度や方向を変える資料から学びを深める
❷ インタビュー動画は有効

❶ 角度や方向を変える資料から学びを深める

　問いを生み，その問いの解決に向かって追究している子どもたちの学びを一段階深めるためには，今まで追究してきたことを「問い直す」ことができるような「角度や方向を変えた」資料を提示するとよいでしょう。

　例えば，地域の人々の仕事について学習する際に「なぜ○○製麺の○○さんは種類の違う麺を何種類もつくっているのだろう」と問いをもち追究してきた子どもたちは，「どんな人でも満足ができるようにたくさんつくっている」や「ラーメンが好きな人が喜べる麺をつくっている」と考えていきます。

　そこで，さらに他の都府県のスーパーのラーメンコーナーの写真と，札幌のスーパーのラーメンコーナーの写真を比較できるようにして提示するのです。その大きさの違いは，子どもたちが見ても一目瞭然です。製麺会社の人が「札幌のお客さんのために」いろいろな種類をつくっていたと考えてきた子どもたちが，「ラーメンは札幌の名物だもの」「ラーメンは札幌の自慢だからだよ」と，市の人々の仕事が「地域の誇り」や，「文化」を支える仕事になっているのだという考えにまで深まっていくのです。

他の県のラーメンコーナー　　　札幌のラーメンコーナー

ICTを活用することで，このような各地の比較や，資料の提示は簡単にできるようになります。

　大切なのはどのように子どもたちの学びを深めていくかという授業のデザインをしっかりと考えることであり，一番有効なポイントでICTを使っていくことです。

②インタビュー動画は有効

　人々の営みの裏側にある「工夫や努力」を紹介したいと思い，ゲストティーチャーを頼むことも多いでしょう。しかしながら，そういったゲストティーチャーは子どもたち相手に話し慣れている方ばかりとは限りません。そこで綿密に打合せをしたり，時には原稿を一緒につくったりしながら，こちらのねらいに沿った話をしてもらおうと一生懸命に計画することが多くなります。それでも，ゲストティーチャーの思いがあふれ出て，5分の約束で話をしてもらおうと思っていたはずなのに，20分も話が長引いてしまったことはないでしょうか。ゲストティーチャーにこちらのねらいに即した話をしてもらうのは本当に難しいことです。ゲストティーチャーは学習を深めていきたいときに呼ぶことも多く，それだけ期待度も高いため，うまくいかなかったときにはとてもがっかりします。そのような時，教師用デジタル教科書や，資料集のデジタル教材，NHKforSchool等のインタビュー動画が便利です。一つ一つの動画は1分以内であることが多く，繰り返し視聴できるので，子どもたちが何度も見て，メモを取ることも容易です。教師が事前に視聴して，ねらいに合った動画を選ぶため，子どもたちの学びもぐんと深まるのです。

（佐野　浩志）

59 ICTを活用して発表するスキル

ICT

POINT
① 4コマ紙芝居で鍛える
② 発表原稿は「大統領の演説」のようにドラマチックに

　「選択・判断」という言葉が解説の中で示されているのは，「内容の取り扱い」で，3年「地域の安全を守る働きについて」，4年「人々の健康や生活環境を支える事業について」「自然災害から人々を守る活動について」「県内の伝統や文化，先人の働きについて」，5年「我が国の国土の自然環境と国民生活との関連について」，6年「グローバル化する世界と日本の役割について」の6単元です。「自分たちにできることなどを考えたり選択・判断したり」する際には，プレゼンテーションソフトを使った表現活動に挑戦していきたいものです。ここでは，プレゼンを使って発表するためのスキルをどう高めるか紹介していきます。

① 4コマ紙芝居で鍛える

　プレゼンのシートをつくる際には，「4コマ紙芝居」をつくることをおすすめします。発表の内容を4コマの紙芝居にまとめるようにすると，余計な説明や回りくどい説明ができなくなります。紙芝居をつくることで，調べたことを効率よく伝えるためにどうしたらよいか考えるようになるのです。はじめのうちは，「1枚目　どうして調べようと思ったか」「2枚目　調べてみてすごいと思ったこと」「3枚目　調べてわかった意外な事実のクイズ」「4枚目　自分たちにもできること」等，構成を示してあげてもよいで

しょう。時間があまりとれない時には，4コマの「絵コンテ」でもいいでしょう。内容がある程度見えてから，プレゼンをつくる作業を始めると一番大事な発表内容の吟味に時間を多くかけることが可能となります。

　プレゼンをつくる際には，ページ切り替え等に凝りたくなるものですが，あえて，最初は子どもたちにそのような機能を使わせないようにします。発表の内容がそっちのけとなることが懸念されるからです。子どもたちは，そのような機能については，指導しなくてもどんどん習得していくものです。

　写真を使う際には，画面いっぱいに写真を載せ，キーワードとなる言葉をキャプションで入れるようにすると，インパクトのある画面になります。写真が小さいと空いた隙間にたくさん説明を入れて単調なプレゼンになってしまいます。写真を画面いっぱいに広げ，キーワードのみキャプションとして付けることを指導すると写真の撮り方も工夫するようになってくるのです。

②発表原稿は「大統領の演説」のようにドラマチックに

　シートができあがれば，発表原稿の作成に入ります。ここでもポイントを押さえた指導が必要となります。発表原稿を作成する際に，子どもたちは「説明調」の原稿をつくってしまうことが多くなります。プレゼンの発表になれていない大人でもよくあることです。子どもたちには，「大統領の演説のように語りかける」発表原稿をつくることを指導するのです。いきなりドラマチックに本題から入り，短い言葉で，聞いている人たちに語りかけるような発表原稿をつくらせます。参考になりそうな，選挙演説等の動画を見せてもよいでしょう。子どもたちは，おもしろがって，演説風の原稿を考えるようになります。

　実際に発表する際には，「えーっと」「あの」などに「禁止令！」を出して，無駄な言葉を使わせません。これは何も表現活動の際にだけに限ったことではありません。無駄な言葉を一切挟まず，いきなり一番言いたいことを最初に言うような発表のスキルを普段の学習から意識して鍛えていくことが大事です。

（佐野　浩志）

ICT

一人ひとりがタブレットを使えるようにするためのスキル

POINT
❶一人一台タブレットの強みは何か知ること
❷強みを生かした授業デザインを考える

　現時点では，多くの学校で一人一台のタブレットが使用できる環境にはありません。しかし，今後一人一台タブレットの導入が全国で進めば，「学習者用デジタル教科書」も普及し，既存のデジタル教材と一緒に活用されていくこととなります。一人一台のタブレットを使った授業イメージをもつことが必要だと考えます。

①一人一台タブレットの強みは何か知ること

　一人一台タブレットが自分の学校で導入されれば，何が変わるのでしょうか。先行実践を参考に一人一台タブレットを使えるようになった際の強みを知ると，効果的な学習をするためにどうしたらよいか見えてくるでしょう。
　デジタル教科書や，デジタル教材をタブレット等を使って一人ひとりが活用できる状態になったときのメリットをいくつかあげておきます。

・低学年や，障害をもった児童には文字の拡大や色の変更等，紙の教科書や資料にはない機能によって学びが充実することが期待されます。
・資料に線を引いたり，思考をメモしたりすることが気軽に，繰り返しできます。また書き込んだ内容を保存することも簡単にできます。
・教師からの資料を一斉に転送することで，カラーで資料の提供ができたり，子ども一人ひとりが必要な場所を拡大することができます。

・一人ひとりのスピードに合わせて動画等の視聴が可能になります。
・一人ひとりのニーズや，スピードに合わせて習熟を図ることができます。
紙幅の関係で割愛せざるを得ませんが，まだまだたくさんICTならではの強みがあります。まずは「強みを知る」ところから始めたいものです。

②強みを生かした授業デザインを考える

一人一台タブレットを使えるようになったら，そのメリットをどう授業で生かしたらよいでしょうか。

例えば，右の資料は，単元開発をした際に子どもたちが学習する際の資料として，「教科書そっくりな」資料を自作したものです。3年生の学習や4年生の学習では，教科書や副読本では補いきれない場合，このような「教科書そっくり」な資料は子どもたちの資料として大変有効です。

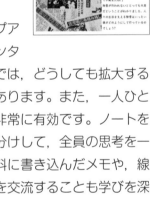

タブレットが一人ひとりにある場合には，ポップアップ等で資料を大きく写すことや，関連して，インタビュー動画を組み込むことができます。紙の資料では，どうしても拡大することは限界があるし，動画は一斉に見せる必要があります。また，一人ひとりの考えを交流する際にも一人一台タブレットは非常に有効です。ノートを写真に撮って，教師に転送すれば，教師の側で類分けして，全員の思考を一斉に提示することもでき，自分でタブレットの資料に書き込んだメモや，線を引いた箇所を見せ合いながら小グループで考えを交流することも学びを深めるために有効です。また，習熟など，個人のスピードが違う場合の授業デザインも考えやすいです。このようにタブレットならではの強みを知ることで，さまざまな授業イメージがわいてくるのではないでしょうか。

しかし，大事なのは元々の授業技術です。主体的・対話的で深い学びのためにスキルを高め，効率的で効果的にICTを活用したいものです。

（佐野　浩志）

さまざまな学び方

体験活動のスキル

POINT
❶体験活動の目的を意識させる
❷問題解決的な学習過程の段階に応じた体験活動を設定する

①体験活動の目的を意識させる

体験活動を行うことで,次のような効果が期待できます。

- ・追究意欲を高める
- ・思考を活性化させる
- ・実感的な理解を深める

体験活動を行う際には,体験活動の目的を明確に意識させることが大切です。体験活動を終えた時に,「おもしろかった」「楽しかった」だけでは,効果的な体験活動を行ったとは言えません。その体験活動を行うことで,「〇〇のことがよくわかった」「〇〇についての考えが変わった」などということが重要です。そのためには,体験活動を行う前に,しっかりとその目的や意義を事前に子どもにつかませることがポイントです。

例えば,第4学年「わたしたちのくらしと水」において,水をきれいにする実験の体験活動が考えられます。その目的は,浄水場の仕組みを実感的に理解させることです。「浄水場では,どのようにして水をきれいにしているのだろう」という問いをしっかりとつかませることが重要です。

大田区小学校4年社会科副読本「わたしたちの大田区・東京都」より

② 問題解決的な学習過程の段階に応じた体験活動を設定する

　体験活動を設定する際には，学習過程の段階に応じて，目的をもって設定することがポイントです。各学習過程の段階における体験活動を設定する意義は，次のとおりです。

【各学習過程における体験活動を設定する意義】
「つかむ」過程　…学習課題を把握する。疑問をもつ。追究意欲を高める。
「調べる」過程　…課題を追究する。深く理解する。
「まとめる」過程…課題を解決する。新たな疑問をもつ。

　「つかむ」過程では，「学習課題を把握する」「疑問をもつ」ということが目的となります。また，体験活動を設定することで，学習課題について追究意欲を高める効果も期待できます。「調べる」過程では，「課題を追究する」という調べる活動の一環として行うことや，体験学習を通して，実感をともな

水墨画体験

い「深く理解する」ということが目的となります。「まとめる」過程では，「課題を解決する」「新たな疑問をもつ」ということが目的となります。

　これらのことを意識して，積極的に体験活動を指導計画に取り入れていくことが重要です。ただし，体験活動を行うと時間がかかるというデメリットもあります。ねらいを明確にするとともに，ポイントをしぼって体験活動を行うことも大切です。

(木下健太郎)

さまざまな学び方

ジグソー学習のスキル

> **POINT**
> ❶ジグソー学習そのものを目的としないこと
> ❷自分の担当について，確実に学ばせ，他の担当に確実に伝えさせること

①ジグソー学習そのものを目的としないこと

　ジグソー学習は，1970年代にアメリカの社会心理学者であるエリオット・アロンソンらが考案したグループ学習の方法の一つです。簡単に説明すると，まず「ジグソー学習のイメージ」のように「A」「B」「C」という3つのグループをつくります。「A」のグループでは，「A」のことだけを学びます。同様に，「B」「C」もそれぞれ「B」のこと，「C」のことだけを学びます。その後それぞれ「A」「B」「C」で１つのグループを作成し，それぞれ「A」のこと，「B」のこと，「C」のことを発表し，学び合うというものです。

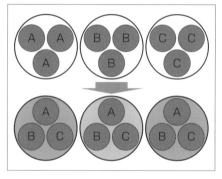

ジグソー学習のイメージ

　元々アロンソンは，異人種が集まる学習集団が，衝突ではなく協同する集団へ変わることをねらいとしてジグソー学習を考え出しました。

　ジグソー学習を行う際の一番のポイントは，「ジグソー学習そのものを目的としないこと」です。ジグソー学習はあくまでも手段であり，目的ではあ

りません。社会科の学習において，「何の目的で」「何のために」ジグソー学習を行うのかを明確に意識して行うことが大切です。

② 自分の担当について，確実に学ばせ，他の担当に確実に伝えさせること

ジグソー学習では，前述のとおり，「A」担当の子どもは「A」のことしか学びません。「A」「B」「C」の子どもが集まった時に，「A」の子どもがしっかりと「A」のことについて学び，理解し，しっかりと他の子どもに伝えることができないと学習が成立しません。自分の担当について，確実に学ばせ，他の子どもに確実に伝えさせることが必要です。そのために気を付けることは，次の５点です。

・専門的に学ぶ段階で，グループ内で情報共有を行うこと
・教師が子ども一人ひとりの学びの状況を確実に把握すること
・学びが不十分な子どもに対しては，教師が支援や指導をすること
・子どもの人間関係を考慮してグループ分けを行うこと
・内容が確実に伝わっているかを確認すること

まず，「専門的に学ぶ段階で，グループ内で情報共有を行うこと」が重要です。情報共有する時間を設定し，どの子どもも，不足している情報がないようにします。次に，「教師が子ども一人ひとりの学びの状況を確実に把握すること」です。情報が不足している子どもがいないか，理解するのに苦労している子どもがいないかを把握することが大切です。その上で，「学びが不十分な子どもに対しては，教師が支援や指導をすること」が大切です。また，「子どもの人間関係を考慮してグループ分けを行うこと」も大切です。ジグソー学習に慣れていないうちは，教師がグループ分けをした方がよいでしょう。最後に，「内容が確実に伝わっているかを確認すること」も重要です。全体で，確認する時間も設定する必要があります。

（木下健太郎）

さまざまな学び方

ポスターセッションのスキル

POINT
❶ポスターの文字数を少なくし，発表（説明）の時間を短くする
❷自分が考えたことを大切にする
❸聞き手の指導を徹底する

① ポスターの文字数を少なくし，発表（説明）の時間を短くする

　ポスターセッションとは，調べた内容をポスターにまとめて掲示し，聞き手に説明する発表方法です。1つの会場に複数のブースを設け，複数の発表者が同時に発表することも可能です。ポスターセッションを行うことで次のような効果が期待できます。

・資料等を用いて図表やポスターなどの作品に表す表現力を育成する
・社会的事象について調べたことや理解したことを説明する力を育成する
・考えたことや選択・判断したことを説明する力を育成する
・考えたことや選択・判断したことを基に議論する力を育成する

　ポスターづくりでは，文字数を少なくし，発表（説明）の時間を短くすることがポイントです。大人もそうですが，子どもは特に調べたことを全て書こうとする傾向があります。そのため，調べたことを厳選し，自分が伝えたいことに絞らせる指導が必要です。文字数を少なくするとともに，発表（説

明）する時間も短くするように指導します。説明しなかったところは，質疑・応答で説明するようにさせます。

②自分が考えたことを大切にする

　調べたことだけをまとめて発表するだけでは，ポスターセッションの意味は半減してしまうと言っても過言ではありません。ポスターセッションでは，調べたことから子どもたちが「何を理解したのか」「何を考えたのか」が重要です。

　発表では，必ず，この自分の考えなどを盛り込むように指導します。そして，聞き手と質疑・応答をする中で，前述した「考えたことや選択・判断したことを説明する力」「考えたことや選択・判断したことを基に議論する力」を育成することができるようにします。

③聞き手の指導を徹底する

　ポスターセッションでは，聞き手に対する指導も重要になります。聞き手には，事前に次のような指導を徹底します。

・自分の考えと同じところと違うところを考えながら聞くこと
・よかったと思ったところを伝えること
・よくわからないところは質問すること
・もっと知りたいところは質問すること
・質問は短い時間で行うこと

　聞き手には，メモ用紙やワークシートを用意してもよいですが，メモをとることに集中しすぎないようにすることも大切です。

　事前指導を徹底することで，発表後の質疑・応答が活発に行うことができるようにします。聞き手にしっかりと指導をすることで，「対話的な学び」が充実します。

(木下健太郎)

さまざまな学び方

ワークショップのスキル

POINT
❶目的を明確にする
❷ワークショップはファシリテーターが命

①目的を明確にする

　ワークショップとは，参加型・体験型の学習形態です。一方的に話を聞くだけでなく参加する子どもが，意見を出し合って議論したり，一緒に体験したりして学びます。ワークショップを学習に取り入れることで次のような成果が期待できます。

・参加する子どもの関心を高める
・子ども同士の対話的な学びを促進する
・子どもの実感的な理解を深める

　以上のように，ワークショップの学習を取り入れることにより，「主体的・対話的で深い学び」視点からの授業改善が期待できます。
　ワークショップを行う際には，「目的を明確にすること」が大切です。「集めた情報を共有すること」を目指すのか，「理解を深めること」を目指すのか，「意見を出し合って考えを深めること」を目指すのかなど，目的を明確にして学習計画を立てることが大切です。

②ワークショップはファシリテーターが命

　ワークショップの進行役を,「ファシリテーター」と呼びます。「ファシリテーター」は,「調整役」「促進役」などと訳されます。「ファシリテーター」は, ディスカッションの司会・進行をしたり, 体験活動や作業の説明・進行をしたりする役割を担います。ワークショップを行う社会科授業において,「ファシリテーター」は, 次の3つの場合が考えられます。

・ファシリテーターが教師の授業
・ファシリテーターがゲストティーチャーの授業
・ファシリテーターが子どもの授業

　「ファシリテーターが教師の授業」では, 教師が進行役となって進めます。教師の指導計画にそって, 子どもたちのことを理解した上で, さまざまな配慮をしながら進めることが大切です。「ファシリテーターがゲストティーチャーの授業」では, 事前の打ち合わせが重要になります。ゲストティーチャーに, その授業のねらいや目的を十分に理解してもらった上で, 進める必要があります。「ファシリテーターが子どもの授業」では, 下の図のように同時にいくつかのブースを設置して, 複数を同時に進めることが可能です。いくつかの課題について分担して調べ, 情報を共有する際などに有効です。

　ただし, 上手く進行・調整するには, 事前の指導が大切です。「どのように議論を進行するのか」「どのように体験をさせるのか」など, 事前に十分に指導します。いずれの場合も, メリットとデメリットがあります。どの形態が有効かを考えて選択する必要があります。

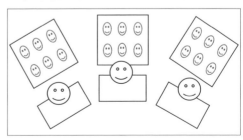

（木下健太郎）

さまざまな学び方

ディベート的学習のスキル

POINT
❶社会科のねらいにあった論題についてディベートを行う
❷根拠となる資料収集を十分に行う

① 社会科のねらいにあった論題についてディベートを行う

ディベート的学習を行うことで次のような成果が期待できます。

- 立場や根拠を明確にして自分の考えを主張する力を高める
- 複数の立場や意見を踏まえて考える力を高める
- 社会への関わり方を選択・判断する力を高める

ディベート的学習の基本的な流れは次のとおりです。

① 肯定側の立論　　② 反対尋問
③ 否定側の立論　　④ 反対尋問
⑤ 否定側の反駁　　⑥ 肯定側の反駁
⑦ 否定側の最終弁論　⑧ 肯定側の最終弁論
⑨ 判定（場合によっては行わないことも考えられます。）

ディベート的学習のポイントは，社会科のねらいにあった論題についてデ

ィベートを行うことです。ディベートによって，いくら子どもたちがよく調べ，よく考え，充実した議論を展開したとしても，社会科のねらいを達成することにつながらなければ意味がないものとなってしまいます。

例えば，次のような論題が考えられます。

> 我が国の食料を確保するためには，どんどん輸入すればよい（5年食料生産）

第5学年内容(2)の「内容の取り扱い」には，「消費者や生産者の立場などから多角的に考えて，これからの農業などの発展について，自分の考えをまとめることができるよう配慮すること」と示されています。上記の論題で，ディベート的学習を行うことで，これからの農業の発展について考えを深めることが期待できます。

②根拠となる資料収集を十分に行う

ディベート的学習を行う際に，最も重要なことと言っても過言でないことは，資料収集です。ディベート的な学習は，単元の終末に位置付けることが一般的です。なぜなら，ディベートにおいて，説得力のある主張を行うためには，その根拠となる資料（社会的事象）を集める必要があるからです。そのためには，調べる過程を充実させることが大切です。

ディベートの準備をする際のポイントとしては，肯定側・否定側のどちらの資料も集めるということです。相手側の主張に有利な資料も集めることで，相手がどのような主張をしてくるのか予想することができます。また，それに対して，反対の主張をするのに有利な資料を探すこともできます。これらの根拠となる資料収集を十分に行うことが大切です。

最後に，ディベートは，聴衆（聞き手）を説得することを目的とした競技です。どちらに説得力があったのか「判定」を行い，勝敗を決めることが一般的です。しかし，勝敗を決めることで，子どものモチベーションが下がることを避けるため，勝敗を決めないことも考えられます。

（木下健太郎）

年間授業構成

年間指導計画の作成スキル

POINT
❶ 教科書の年間指導計画を参考にする
❷ 授業時数は余裕をもたせて計画する

①教科書の年間指導計画を参考にする

　社会科の授業における教科書（市町村などが採択している教科用図書）の使用の仕方は，3，4年生版と5，6年生版とでは異なります。5，6年生版では掲載されている資料等をそのまま授業に活用できるケースが多くありますが，3，4年生版は「自分たちの市や県」を必ずしも取り上げているわけではないため掲載されている資料は活用できず，実際の授業では市町村などで作成している副読本などの資料を使用しているケースが多いです。

　しかし，いずれの学年においても，年間の指導計画の作成においては教科書のものが参考になります。5，6年生版では，単元名や目標を含めた単元構成，各単元の年間配列や授業時数などが，そのまま参考になります。もちろん，そこに地域や子どもの実態を反映させて各学校なりの年間指導計画に工夫・改善することが望ましいです。

　3，4年生版は，取り上げている事例や教材はそのまま活用できないことが多いのですが，各単元の指導計画の展開や年間配列，授業時数などは参考になります。単元名や目標は，地域の副読本を見ながら修正を加えるとよいです。

　教科書の指導計画はインターネット上に，文字データ（WORD，一太郎

など選択可）としてダウンロードできるように掲載されています。これを使用して修正を加えながら年間指導計画を作成することも可能です。効果的に活用したいものです。また，その際，市町村が採択していない他の会社の教科書の年間指導計画などと見比べたり，それらを参考にしたりすることも効果的です。

②授業時数は余裕をもたせて計画する

　教科書の年間指導計画を参考にする場合でも独自に作成する場合でも，共通して留意することは，計画する授業時数に余裕をもたせることです。社会科の標準授業時数は，学校教育法施行規則において次のように定められています。

第3学年	70時間
第4学年	90時間
第5学年	100時間
第6学年	105時間

　教科書会社の指導計画や市販されている教育実践本などの指導計画も年間時数は上記のようにまとめられていることが多いです。しかし，もしも実際にはテスト作成会社（教材会社）などのワークテスト等を購入してそれを子どもに使用させて評価資料としている場合には，それを使用する（子どもがテストを受ける）時間を確保する必要があります。各単元で概ね1時間ずつ必要にはなるのではないでしょうか。また，学期末，年度末に使用するテストがあるとすれば，その時間も確保する必要があります（単元の終末に「単元テスト」などと記入することが必要です）。

　したがって，上記の時数に年間指導計画を納めるのであれば，各学年の時数から4，5時間を差し引いた時数を合計として見据えながら実際の授業を計画する必要があります。もしくは，上記の時数に各学年で4，5時間ずつ余分に加えて計画することも考えられます。

（澤井　陽介）

年間授業構成

横断的・関連的な指導計画作成のスキル

POINT
❶それぞれの目標（育成を目指す資質・能力）を明確にする
❷単元ごとに内容の関連を明確にする

①それぞれの目標（育成を目指す資質・能力）を明確にする

　社会科は，他教科と連携して，環境教育や国際理解教育，伝統文化教育など，教科横断的な○○教育の一翼を担うことが多いです。その場合，社会科はもとより関連する教科等の目標（育成を目指す資質・能力）を明確にすることが大切です。そのことにより，○○教育と社会科で，それぞれ育成を目指す資質・能力の相互関連が明確になります。そのため，○○教育として育成を目指す資質・能力についても，学習指導要領で示された3つの柱「知識及び技能」「思考力，判断力，表現力等」「学びに向かう力，人間性等」を参考にして3つの枠組みで描いておくと，関連性の整理がしやすくなります。

　また，1単位時間（コマ）ごとの実際の授業では目標の定め方に留意する必要があります。社会科の目標が○○教育の目標に置き換わったり歪められたりすることのないよう，まず社会科の目標をしっかりと定め，その上で「○○教育の視点」などと整理することが大切です。そもそも教育課程上で時間が保障されているのは教科等であり，○○教育ではありません。○○教育は教科等の時間に入れ込む視点です。この関係を間違えると目標の二重構造になってしまいます。「教師が社会科の授業において○○教育の視点をもって指導する」と考えるとよいです。

②単元ごとに内容の関連を明確にする

　社会科における各学年の内容の全てが、○○教育に関連するわけではありません。内容の見極めが大切です。その際、例えば伝統文化教育と社会科の第4学年の「県内の文化財や年中行事」は、単元全体の内容が関連すると考えられます。一方で、防災安全教育と社会科の第5学年の「国土の自然災害」は、災害対策への関心など単元の内容の一部が関連すると考えられます。このように、単元全体が関わるものと、単元の一部（単元終末で取り上げる新たな課題などを含む）が関わるものがあることを見極めて、内容の関連性を整理することが大切です。

　このことは他教科等との関連性を整理する上でも大切です。よく単元名のみを年間配列で並べて一覧表をつくっている例をみますが、それでは不十分です。下記のように、その単元におけるどんな事項（特に理解や態度）が関連するのかをキーワードなどで抜き出して明示することが大切です。

```
■理科「流れる水の働き」との関連        ■音楽「伝統的な音楽を楽しもう」
            │                                      │
            ▼                                      ▼
■社会科「県内の自然災害の防止」        ■社会科「地域の年中行事」
 ・洪水の発生原因や被害状況             ・地域に受け継がれるお囃子
 ・気象情報等への関心                   ・地域の伝統文化への誇り
```

　社会科は、思考力や判断力などの能力や社会参画に向かう態度など他教科等と共通する要素や関連する要素が多い教科です。したがって、社会科を位置付けた教科横断的な視点でカリキュラム・マネジメントを行う際、目標の関係や内容の関連を明確にすることが大切です。

（澤井　陽介）

カリキュラム・マネジメント

68 時間数不足を解消するスキル

POINT
❶ 単元と単元の内容をつなぐ
❷ 見学・聞き取り活動を効果的・効率的に行う

① 単元と単元の内容をつなぐ

　社会科の単元で取り上げる内容は、よく見てみると似ているものがあります。例えば、消防署と警察署、農業と水産業、身近な地域の様子と市の様子や県の様子、県の自然災害と国土の自然災害など、挙げればきりがありません。年度が変わるものは担任が変わると気付かないかもしれませんが、同じ年度内であれば気付くはずです。

　とかく時間数が足りないなどと言われることが多いのですが、実は単元と単元の内容をうまくつなぐことで時間数不足を解消できます。例えば、火災から守る働きと事故などから守る働きは「地域の人々の安全を守る働き」として学習指導要領上は同じ内容です。この内容は「関係機関が連携する緊急対処」と「地域の人々が協力する未然防止」の2つの内容で構成されています。したがって、火災でも事故などでもその両方を扱うわけですが、同じように時間をかけて扱う必要はありません。緊急対処はそれが見えやすい火災に、未然防止はそれを調べやすい事故などに、それぞれ比重をかけて取り上げればよいのです。また、学習問題づくりにも時間をかけずに「事故などから守る働きも火災の時のようにいろいろな人が協力しているのかな」→「事故から人々を守るためにはどのような人々の働きがあるのだろう」などと前

の単元の学習をつなげてスタートすれば効果的です。
　このことは，身近な地域の様子→市の様子，農業→水産業などでも同様です。前の単元で学んだことを思い起こせば学習問題や予想，学習計画を立てやすく，追究の視点や調べる事項，調べ方なども応用できます。第6学年の歴史学習では「その人物はどのような世の中をつくりたかったのだろう」という共通のテーマで多くの単元を学習していくこともできます。社会科は人々の営みや働きを学ぶ教科なので，子どもたちの目の付け所は似てくるし，その方が効果的なのです。「社会的事象の見方・考え方」はそういう趣旨から整理されているのです。

②見学・聞き取り活動を効果的・効率的に行う

　社会科では具体的な事実を捉えて，そこから社会的事象の特色や意味を考える学習が大切になります。そのため，見学・聞き取り活動を通して事実を集めることは大切です。特に資料活用能力がまだ高まっていない中学年では大切になります。しかし，見学・聞き取り活動は，現地までの往復，現地での見学，見学・聞き取り後のまとめなど，時間を要する活動であることも事実です。最近では販売店や工場などで快く見学を受け入れてくれるところが少なくなっているということも聞こえてきます。

　こうしたことを踏まえ，見学・聞き取り活動を効率的・効果的に行うことが大切です。例えば，いきなり見学に行くのではなく，事前の授業で地図や写真などの資料を使って大まかな事実を押さえ，学習問題を設定してみんなで予想を立ててから見学に行くと，子どもたちはしっかりと事実を捉えることができます。また，質問事項を各自がバラバラに考えるのではなく学級全体で相談し質問者を決めておくなど，「見てくること・聞いてくること」を精査しておくことが大切です。教師は，許可をいただける範囲でビデオや写真などで撮影しておくとよいです。関係者をゲストティーチャーとして招くことも効果的ですが，ビデオでインタビューなどを録画しておけば，授業時間を効率的に使い，何度でも視聴できる効果があります。

（澤井　陽介）

カリキュラム・マネジメント

地域とのネットワークづくりのスキル

POINT
❶市（町，村）役所を活用したり地域を見て回ったりする
❷デジタル化して情報を保存・蓄積する

①市（町,村）役所を活用したり地域を見て回ったりする

　ネットワークづくりのスキルと言えば，実際に自分で動いて人間関係を広げるしかありません。しかし，ここでは社会科の授業に関連して考えてみます。社会科の授業では，行政の働きが多く取り上げられます。そこでまず市（町，村）役所とのパイプが重要になります。学校教育に関係する課はもとより，広報課，社会教育課，都市計画課，環境課，商工課など，直接・間接を問わず学習内容と関連する課は多いです。広報課を窓口にして関係課を紹介いただくこともよいです。いきなり行っても職員は常に忙しいので，まずはホームページなどで検索し資料の有無などを確認しておくとよいです。学校の設置者は市（町，村）です。市（町，村）役所の職員もそのことは十分理解しているため市（町，村）民のための努力は惜しみません。関係者を紹介したりパイプ役になってくれたりもします。まずは名刺をつくり，名刺交換などを通して顔をつなぎネットワークを広げて行くことをおすすめします。

　また，自分で（同学年の教員などと一緒に）地域を見て回ることも大切です。特に第3学年の学習では，消防署や警察署，交番，スーパーマーケット，工場や畑，駅や港，郷土資料館など，学習で直接取り上げる対象（人的・物的資源）が地域にはあふれています。春季・夏季・冬季などの休業日

を使って見学や取材を行っておくのが実際的です。やはり，そこでも責任者や広報担当者と名刺交換などを行い顔をつないでおけば，その後の電話連絡などがスムーズになります。

　また，授業に協力いただく際には，指導のねらいや大まかな指導計画，子どもたちの現状などを相手方に伝えることも大切です。「教えてください」「どうしたらよいのでしょうか」などと相談する形で伝えることで，相手の協力姿勢が高まった例はたくさんあります。やはり，ネットワークづくりのスキルは笑顔や言葉であることは間違いなさそうです。

②デジタル化して情報を保存・蓄積する

　カリキュラム・マネジメントの視点から考えて大切なことは，教員個人がつくった地域とのネットワークや授業で協力いただいた人材，活用した物的資源などをその個人のものにとどめずに学校全体の財産にすることです。

　そのためには，その情報をデジタル化して学校のコンピュータなどに保存しておくことが必要です。社会科では昔から教材・資料室などに過去の実践資料が残されていることがありました。しかし，その多くが模造紙などの紙媒体であるため，古びて色が変わってしまっている，実際に使おうにも加筆や修正ができない，今の実態と合わない，といった理由で活用されないままになっている状況があります。

　これからは，使った資料や子どものまとめ作品などをデジタル化して保存し，他の教師がそのまま，あるいは加工して使用したり，自分で作成する際の参考にしたりできるように蓄積していくことが大切です。授業に協力いただいたゲストティーチャーなどの情報も簡単なコメントを添えてリスト化しておくこと，見学が可能な施設や商店，地域の史跡や公共施設などをパソコン上の白地図にまとめておくことなども効果的です。

　いずれにしても，新しい情報を加えたり修正したりできる状況で，常に最新版を保存しておくようにし，そのことを全教員が共有できるようにしておくことが必要です。

（澤井　陽介）

カリキュラム・マネジメント

年間カリキュラムを改善するスキル

POINT
❶単元の指導結果について評価をしておく
❷県や市などの社会科研究会の資料を入手する

①単元の指導結果について評価をしておく

　「カリキュラム・マネジメントは管理職のみならず全ての教職員が必要性を理解し，日々の授業についても，教育課程全体の中での位置付けを意識しながら取り組む」ことが中央教育審議会答申（平成28年）で求められました。カリキュラム・マネジメントの基本は，PDCAつまり，Pプラン（計画づくり）→Dドゥー（実践）→Cチェック（考察・評価）→Aアクション（見直し・改善）です。特に改善に向けてはCとAが重要です。

　しかし，学校全体の教育課程や教科等の年間指導計画を年度末になってからいきなり改善策を考えるのは困難です。そのため，適時に評価を蓄えておくことが大切になります。行事開催後にその行事運営上の課題等について評価を行っていることもその理由からでしょう。社会科のカリキュラム・マネジメントも同様です。何も材料のないところから年間の指導計画を改善するアイディアは浮かびようがありません。

　そこで重要になるのが単元のマネジメントです。毎時間の授業マネジメントは現実的には困難でしょう。かといって年度末にいきなりというわけにはいきません。そこで現実的なのが単元のマネジメントなのです。単元ごとに，目標の実現状況，学習活動の効果，学習内容の妥当性などについて，子ども

の学習状況を評価する際に,加えて簡単にコメントしておけばよいのです。「時間が足りなかった」「前の単元の学習が生かせた」「もっと○○関係の資料がほしい」「協力いただける人材はいないか」「学習のまとめ方に自信がない」などと,単元の実践や指導計画について振り返りをメモするイメージです。これらが,年度末に次年度の年間指導計画を考える際の単元配列や時間数,教材などの考察・改善のための貴重な情報となります。何もないところからは何もアイディアは生まれません。

②県や市などの社会科研究会の資料を入手する

　やはり専門家に頼るのが一番です。教科書（県や市が採択しているもの）の指導計画を参考に作成した年間指導計画であっても,その地域,その学校にぴったりかというとそうでもない場合があります。その地域・学校にあった指導計画は,その県（都,道,府）や市（町,村）の社会科研究会が作成している場合があります。県や市の教育委員会が作成していることも多いです。教育委員会が作成している場合にも,その地域において長年,社会科を研究するベテランの教員が作成していることが多いです。もともと県や市の指導計画を基にして学校としての年間指導計画を作成している場合には,その逆です。つまり,教科書の指導計画を参考に改善案を考えればよいのです。教科書の指導計画も社会実践に堪能な教員が書いている場合が多いです。いずれにしても複数の指導計画を見比べながら検討することが大切です。

　また,県や市の社会科研究会からは実践例などの資料を入手することもできる場合が多いです。それらには,実際の資料や子どもの反応,取材先関係機関などが紹介されていることも多く,来年度の計画を立てる際に参考になります。

　市販されている社会科の実践事例本も参考になりますが,まずは地域の公的な関係者を頼りに改善案を考えてみることをおすすめします。

（澤井　陽介）

おわりに

　私の職場の机には，教師になってから必ず置いている本が1冊あります。
　それは『教育実地研究の手引き』です。大学3年生で教育実習に行ったときに使った実習校で出している本です。今も手元にあり，時々開いて読んでいます。そこには，教師として必要な心構えや指導技術が丁寧に書かれています。その本の中にはこのような文章があります。「授業をする際，目標に向かって学習を進めていくために必要な教授技術があります。この教授技術の習得も教育実習の課題の一つです。最初からうまくできれば教育実習の必要はありません。教育実習は，失敗の連続かもしれません。（中略）指導教官のもとに，自らの能力への挑戦をしてみてください。」この文章の通り，目標に向かって学習を進めていくためには，教師が指導技術（「指導スキル」）を身に付けていく必要があるわけです。
　さて，実際に教師になり，子どもたちを前にして授業となると，どのようにやっていいのか悩みました。「教材研究はどうやればいいのか？」「資料は？」「発問は，これでいいのか？」「板書はどうすれば子どもたちにわかりやすいのか？」「話し合い活動はどうすればいい？」わからないことばかりでした。いま，振り返ってみると，試行錯誤の連続，そして，スキルもないまま，とにかく，やみくもに授業をしていた，そんな反省ばかりが浮かびます。読者のみなさんにも私と似た経験があるのではないでしょうか。また，いまも悩みながら授業づくりに励んでいるのではないでしょうか。もしかしたら，これから教師になり授業を始めることに不安を感じている人もいるかもしれません。
　では，必要な指導技術（「指導スキル」）は，どのようにして身に付ければいいのでしょうか。経験で自然に身に付いていくものなのでしょうか。
　授業づくりには，経験を積むことで解決していけること，と，つねに学び習得していかなければ解決できないこと，の2つの側面があるのです。指導

技術(「指導スキル」)については,経験だけでは習得できないものが少なくありません。そのためには,他の先生方の授業を見て指導技術(「指導スキル」)を学んだり,先輩の先生方に話を聞いて学んだり,本などから学んだりするしか,方法がありません。そして,学んだことを頭で理解するだけではなく,実際に,最初はまねることから始め,子どもたちとの授業を通して,自分のものとして磨いていくことで習得できるのです。つまり,指導技術(「指導スキル」)は,現場の教師一人ひとりが学び,授業を通して経験によって磨き上げてきたものなのです。

　そこで本書は,授業づくりのための基礎的な指導技術を「指導スキル」として分解し,社会科の授業にこそ必要なものに厳選し紹介しています。しかも実践者の先生方の経験値を盛り込みながら,実際の授業場面をイメージしながら,具体的に「指導スキル」を示し,編集されています。本書を手にすることで,少しでも多くの先生方の不安を取り除くとともに,実際に授業に取り入れてみよう,授業が楽しくなる,そんな力になれれば幸いです。一人でも多くの先生方が子どもたちのために授業の腕を磨かれることを大いに期待しています。

　本書の刊行に当たり,明治図書出版の及川誠氏に多くのご助言を賜りました。心から感謝申し上げます。

2019年3月

小倉　勝登

【執筆者一覧】

澤井　陽介	前文部科学省初等中等教育局視学官・国士舘大学教授
小倉　勝登	国立教育政策研究所教育課程調査官
河田　祥司	高松市総合教育センター指導主事
横田　富信	東京都世田谷区立経堂小学校
黒田　拓志	香川大学教育学部附属高松小学校
佐藤　章浩	鳴門教育大学附属小学校
北川　大樹	八王子市教育委員会学校教育部指導課指導主事
細水　大輝	神奈川県横浜市立稲荷台小学校
石井　芳生	関西大学初等部
岡田　大助	川口市教育委員会学校教育部指導課
牧　　紀彦	京都府京都市立岩倉北小学校
佐野　浩志	北海道札幌市立幌南小学校
木下健太郎	大田区教育委員会統括指導主事

【編著者紹介】

澤井　陽介（さわい　ようすけ）

昭和35年東京都生まれ。国士舘大学　体育学部こどもスポーツ教育学科　教授。昭和59年から東京都の大田区，新宿区，世田谷区で小学校教諭，平成12年から都立多摩教育研究所，八王子市教育委員会で指導主事，町田市教育委員会で統括指導主事，教育政策担当副参事を経て，平成21年4月から国立教育政策研究所　教育課程研究センター教育課程調査官※併任：文部科学省初等中等教育局教育課程課教科調査官。平成28年4月から文部科学省初等中等教育局視学官※併任：国立教育政策研究所　教育課程研究センター　教育課程調査官。平成30年4月から現職。

小倉　勝登（おぐら　かつのり）

昭和45年宮城県生まれ。国立教育政策研究所　教育課程研究センター教育課程調査官※併任：文部科学省初等中等教育局教育課程課教科調査官。平成4年から東京都の新宿区，大田区で小学校教諭，平成11年から東京学芸大学附属小金井小学校教諭，平成29年に東京学芸大学非常勤講師兼務を経て，平成30年4月から現職。

小学校社会　指導スキル大全

2019年4月初版第1刷刊　Ⓒ編著者　澤　井　陽　介
　　　　　　　　　　　　　　　　小　倉　勝　登
　　　　　　　　　　　　発行者　藤　原　光　政
　　　　　　　　　　　　発行所　明治図書出版株式会社
　　　　　　　　　　　　　　　　http://www.meijitosho.co.jp
　　　　　　　　　　　　（企画）及川　誠（校正）中野真実
　　　　　　　　　　　　〒114-0023　東京都北区滝野川7-46-1
　　　　　　　　　　　　振替00160-5-151318　電話03(5907)6704
　　　　　　　　　　　　ご注文窓口　電話03(5907)6668
＊検印省略　　　　　　　組版所　株式会社木元省美堂

本書の無断コピーは，著作権・出版権にふれます。ご注意ください。

Printed in Japan　　　　ISBN978-4-18-392918-1
もれなくクーポンがもらえる！読者アンケートはこちらから

小学校 新学習指導要領 社会の授業づくり

澤井 陽介 著

改訂のキーマンが,新CSの授業への落とし込み方を徹底解説!

資質・能力,主体的・対話的で深い学び,社会的な見方・考え方,問題解決的な学習…など,様々な新しいキーワードが提示された新学習指導要領。それらをどのように授業で具現化すればよいのかを徹底解説。校内研修,研究授業から先行実施まで,あらゆる場面で活用できる1冊!

四六判 208頁
本体 1,900円+税
図書番号 1126

中学校 新学習指導要領 社会の授業づくり

原田 智仁 著

改訂のキーマンが,新CSの授業への落とし込み方を徹底解説!

資質・能力,主体的・対話的で深い学び,見方・考え方,評価への取り組み…など,様々な新しいキーワードが提示された新学習指導要領。それらをどのように授業で具現化すればよいのかを徹底解説。校内研修,研究授業から先行実施まで,あらゆる場面で活用できる1冊!

A5判 144頁
本体 1,800円+税
図書番号 2866

社会科授業サポートBOOKS 小学校社会科 「新内容・新教材」指導アイデア 「重点単元」授業モデル

北 俊夫 編著

「重点単元」「新教材・新内容」の授業づくりを完全サポート!

平成29年版学習指導要領「社会」で示された「新内容・新教材」「重複単元」について,「主体的・対話的で深い学び」の視点からの教材研究&授業づくりを完全サポート。キーワードのQ&A解説と具体的な指導計画&授業モデルで,明日からの授業づくりに役立つ必携バイブルです。

A5判 168頁
各 本体 2,000円+税
図書番号 2148, 2329

主体的・対話的で深い学びを実現する! 板書&展開例でよくわかる 社会科 授業づくりの教科書 3・4年 5年 6年

朝倉 一民 著

1年間365日の社会科授業づくりを完全サポート!

1年間の社会科授業づくりを板書&展開例で完全サポート。①板書の実物写真②授業のねらいと評価③「かかわる・つながる・創り出す」アクティブ・ラーニング的学習展開④ICT活用のポイントで各単元における社会科授業の全体像をまとめた授業づくりの教科書です。

3・4年			
B5判	136頁	本体2,200円+税	図書番号 2285
5年			
B5判	176頁	本体2,800円+税	図書番号 2293
6年			
B5判	184頁	本体2,800円+税	図書番号 2296

明治図書 携帯・スマートフォンからは 明治図書ONLINEへ 書籍の検索,注文ができます。▶▶▶

http://www.meijitosho.co.jp ＊併記4桁の図書番号(英数字)でHP,携帯での検索・注文が簡単に行えます。

〒114-0023 東京都北区滝野川7-46-1 ご注文窓口 TEL 03-5907-6668 FAX 050-3156-2790

学校現場で今すぐできる「働き方改革」
目からウロコのICT活用術

新保 元康 著

+αのアイデアで日常改善!学校現場からの「働き方改革」

一人一人の仕事の効率化から、学校全体の働き方改革へ!「学校現場で今すぐできる」「ICT」という2つの視点から考える学校改善トライアル。「学校にあるものを活用」して、「仕事の流れを変える」ことで、働きやすさはこんなに変わる!目からウロコのカイゼン術。

A5判 152頁
本体1,600円+税
図書番号0893

主体的・対話的で深い学びを実現する! 小学校外国語『学び合い』活動ブック
通知表文例つき

西川 純・橋本 和幸・伊藤 大輔 編著

コミュニケーションあふれる外国語『学び合い』活動をナビゲート

外国語活動・外国語で、主体的・対話的で深い学びはこう実現できる!児童用シート+教師用シートの見開き2頁構成で、外国語『学び合い』活動をナビゲート。めあて+手立て、ゴールと振り返りから、対話形式の授業の流れと声かけのポイントまで。通知表コメント例つき。

B5判 136頁
本体1,960円+税
図書番号2839

中学地理「基礎基本」定着 面白パズル&テスト

得点力不足解消!

南畑 好伸 著

楽しく基礎基本定着!中学地理わくわく面白パズル&ワーク

子どもたちが大好きなパズル教材・ワークを面白い・楽しいだけで終わらない「基礎基本定着」をポイントとして具体化。問題を解くと見えてくる「キーワード」でポイントがおさえられる!中学地理の各単元のまとめとしても使える、面白パズル&テストが満載の必携の1冊。

B5判 136頁
本体2,200円+税
図書番号2849

全単元・全時間の流れが一目でわかる! 社会科365日の板書型指導案
3・4年 5年 6年

阿部 隆幸・板書型指導案研究会 他著

板書例&ポイントがわかる!社会科365日の授業レシピ

社会科365日の授業づくりと板書例が一目でわかる!各学年の全単元・全時間の授業について①「板書」の実物例②授業のねらいと本時のポイント③「つかむ」「調べる」「まとめる」授業の流れ④つけたい力と評価のポイントまでを網羅した必携のガイドブックです。

3・4年
B5横判 168頁 本体2,400円+税 図書番号3096
5年
B5横判 120頁 本体2,260円+税 図書番号3097
6年
B5横判 128頁 本体2,260円+税 図書番号3098

明治図書 携帯・スマートフォンからは **明治図書ONLINE へ** 書籍の検索、注文ができます。▶▶▶

http://www.meijitosho.co.jp ※付録4桁の図書番号(英数字)でHP、携帯での検索・注文が簡単に行えます。

〒114-0023 東京都北区滝野川7-46-1 ご注文窓口 TEL 03-5907-6668 FAX 050-3156-2790

小学校 指導スキル大全 シリーズ

便利過ぎて手放せない！小学校授業のすべてをカバー

授業力アップのための必須スキルを多数収録。
指導に困ったときも、
ステップアップしたいときも、
今欲しい情報がすべて詰まった1冊です！

全10巻

シリーズ同時刊行

★ ラインナップ ★

教科	図書番号	編著者
国 語	(3926)	中村和弘・清水 良 編著
社 会	(3929)	澤井陽介・小倉勝登 編著
算 数	(3927)	『授業力＆学級経営力』編集部 編
理 科	(3928)	鳴川哲也 編著
音 楽	(3934)	酒井美恵子・阪井 恵 編著
図 工	(3933)	岡田京子 編著
体 育	(3932)	木下光正 編著
道 徳	(3930)	永田繁雄 編著
英 語	(3931)	坂井邦晃 編著
特別支援教育	(3936)	中尾繁樹 編著

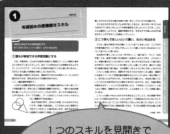

1つのスキルを見開きでコンパクトに紹介！知りたい情報をサッとチェックできます！

※（ ）内は図書番号
A5判 160〜176ページ
2,000〜2,200円 (+税)

明治図書　携帯・スマートフォンからは **明治図書ONLINEへ** 書籍の検索、注文ができます。▶▶▶

http://www.meijitosho.co.jp　＊併記4桁の図書番号（英数字）でHP、携帯での検索・注文が簡単に行えます。

〒114-0023　東京都北区滝野川7-46-1　ご注文窓口　TEL 03-5907-6668　FAX 050-3156-2790

＊価格は全て本体価格表示です。